大漆修缮经典古陶瓷

大漆修缮工艺在古瓷遗存残件修复中的应用研究

刘显波 著

中国轻工业出版社

自序

经风度雨、寒暑遍历，回思收藏和研究古代陶瓷器物三十余年的历程，深知陶瓷残片、残件标本对眼目见闻的增长、判断力的提升、审美修养的培育意义重大。

碎裂残缺的古代瓷器遗存，在时人的眼目当中，价值当然会大打折扣，然而其附着的制作工艺、胎体材质、彩料釉色、画工神韵、磨损印迹等丰富的历史信息，对于初涉门径的人来说却是千金难求的。艺术品鉴赏的首要任务在于求真，所谓"纸上得来终觉浅，绝知此事要躬行"，没有接触过无可疑义的真品，仅靠书本上读来的知识，在感受力和判断力上始终是有所隔膜阻滞的。因此，有一定经验的陶瓷收藏研究者无不重视对残器的收集和审视学习，我的幸运就在于较早认识到了这一点。

中国是瓷之国度，历朝历代的陶瓷生产总量数以亿计。传世品和出土文物中，绝大多数为日用普品，真正的珍稀品类能完整存世的实在少之又少，其市场价格自然昂贵，这又使得仿古作伪者趋之若鹜，因此人们在学习相关陶瓷史知识、去伪存真、建立鉴别标准的过程中，存在种种壁垒与障碍。识破赝品的功夫，不在于研究赝品，而在于对真品的特质了然于胸。陶瓷易碎，但神奇之处在于，无论残品被弃掷在何处，即便历经无数风霜、被水、土侵蚀，它们仍能历千年而不朽，待到重见天日之时，只需擦洗清污，即可见出风尘掩盖下的原原真章，时代的特征、文明的烙印历历在目。与仿品加以对照，历史价值、艺术气息高下立判。古瓷残件有作为历史"标本"的意义，通过观察、比对，再结合理论书籍的知识体系，可以较快地在脑海中梳理出中国陶瓷发展史的清晰脉络，为研究者节省大量时间，避免走上难返的认知歧路。

经过多年的搜集整理、摩挲品赏，在提升鉴赏能力的同时，面对我所收藏的数百件历代陶瓷残件标本，惜之心油然升起。单片残瓷无法整器修复，将之加以改造也是一种传统。晚清、民国时期，将钧瓷、汝瓷残片嵌入硬木框架内，制成挂屏的玩古风气就开始盛行。近年来，对古代瓷片的时尚化文创设计改造也蔚然成风，受到人们的喜爱。然而我的陶瓷残件收藏中，有两百余件虽有不同程度的残损，但经过拼合观察后，确定它们可以经由专业方法的修复，重新成为不仅有学习研究价值，并在艺术上有观赏展示价值的独立之器。

本次陶瓷残器修复方法选择漆缮工艺，一方面由于工艺美术专业是我的本行，当然希望自己的专长能在其中发挥作用。近年来，在学术研究上，我由明清家具艺术的收藏、研究、教学出发，上溯到中古时期中国家具史的研究，专著《唐代家具研究》成稿出版后，宋元家具史的研究也在进行当中。而唐、宋、元家具主要以大漆工艺来进行木质防腐与表面装饰，天然漆具有与异质材料的良好结合潜能，它天然的黏性附着力和在装饰艺术上的延展力实在魅力无穷。2019年以来，我首先攻克了在北宋就已经失传的唐代家具代表性大漆装饰工艺"金银平脱"，同时专注于人才队伍的培养，年轻人对漆工艺的热爱极大地鼓舞了我的信心。教学相长，其信然矣！研究团队历时两年，在我的指导下完成了本次研究的工艺实践，埋首其间所历辛苦，不足与外人道，一件件残器在手中成为漆缮修复作品，所获得的欣喜与满足，也是人生当中难以表述的幸福时刻。

研究古代陶瓷残件的漆缮复原工艺的另一个原因，在于漆缮本身是一种艺术，它不需要如商业修复一般以模仿原态来掩盖残缺，而是将残缺本身化作一种美，使陶瓷上的每一道裂纹、每一个缺损变为岁月的诗意。漆缮不是一种对遗憾无可奈何的将就，更不是试图以假乱真的功利行为，而是用漆艺来呈现器物本体之美。一次修复的过程，即是使残器重立于世间的生命重塑。

出于对残器本身的珍重态度，此次修复研究在器表髹饰上的基本工艺准则是"修旧如旧"，即基于残缺的原始情况去应用种种漆艺技法加以装饰，器表髹饰绝不超出原始残损范围，在漆艺技法的应用上有意识地克制，避免过度发挥，不在炫丽上做文章，适度即止。在形态补塑方面，本次研究做出了大胆的尝试。传统漆缮工艺在补塑缺肉时常需在陶瓷胎体中穿孔，不但对器物造成二次伤害，而且难以拆解。新型塑形材料的引入，既与大漆材料有良好的结合性能，更使本次修复在本质上成为具有可逆性的无损修复，经过时间的检验，证实这种修复方案不但可行，而且更具科学性和便利性。

本次出版所选取的155件陶瓷大漆修缮作品，选自所藏残件中历史价值、艺术价值较高的精品，所属时期起自隋唐，止于晚清。展卷一览，相当于对陶瓷史进行了一次简要的回溯，残件上所留下的种种历史痕迹，更可以帮助我们解读古瓷所携带的信息，加深对中国陶瓷艺术本质的理解。

在此要特别致谢本次研究的工艺团队成员王薇、翁刘念、刘衍，经过研究生阶段的学习和转入工作岗位后的长期历练。他们已经成为具备责任心和专业热情的漆艺师。陶瓷漆缮工艺本身并不复杂，可以分解为拼合、补缺、找平、面饰等数个工艺环节，但每一个工艺环节都需要精心以对，付予大量的时间与精力。这次研究过程对于他们来说，既是一次重要的锻炼也是团队凝聚力的塑造，其成果将展现于将来在漆艺研究上的更多探索之中。

2024年7月5日

目录 | CONTENTS

图录		001
1	隋 白釉双龙柄联腹传瓶	002
2	唐 鲁山窑花釉双系执壶	004
3	宋 磁州窑剔地花鸟纹双耳扁瓶	006
4	金 磁州窑白地黑花牡丹纹梅瓶	008
5	宋 白釉梅瓶	010
6	宋 影青釉花口瓶	012
7	宋 龙泉窑青釉执壶	014
8	宋 龙泉窑黑胎青釉葫芦形执壶	016
9	宋 影青釉执壶	018
10	宋 龙泉窑粉青釉渣斗	020
11	宋 官窑天青釉洗	022
12	宋 影青釉划花婴戏纹碗	024
13	宋 影青釉划花婴戏纹碗	026
14	宋 吉州窑黑釉木叶斗笠盏	028
15	宋 建窑红兔毫茶盏	030
16	宋 建窑兔毫茶盏	032
17	宋 龙泉窑黑胎青釉把杯	034
18	宋 龙泉窑黑胎青釉把杯	036
19	宋 龙泉窑粉青釉敛口小盏	038
20	元 青花缠枝牡丹纹梅瓶	040
21	元 青花折枝花卉纹八棱象耳瓶	042
22	元 青花龙纹玉壶春瓶	044
23	元 青花龙纹玉壶春瓶	046
24	元 青花梅月龙纹玉壶春瓶	048
25	元 青花麒麟飞凤纹玉壶春瓶	050
26	元 青花满池娇纹玉壶春瓶	052
27	元 釉里红点彩斑玉壶春瓶	054
28	元 釉里红留白凤纹玉壶春瓶	056
29	元 釉里红凤纹玉壶春瓶	058
30	元 霁蓝釉玉壶春瓶	060
31	元 青花缠枝牡丹纹罐	062
32	元 青花龙纹围棋罐	064
33	元 青花堆塑月影梅花纹印盒	066
34	元 龙泉窑青釉双鱼纹折沿盘	068
35	元 青花花卉纹攒盘	070
36	元 钧窑天蓝釉碗	072
37	元 枢府釉印花龙纹碗	074
38	元 青花羊纹匜	076
39	元 青花缠枝花卉纹高足杯	078
40	元 青花婴戏纹小杯	080
41	元至明洪武 青花缠枝菊纹高足杯	082
42	元至明早期 霁蓝釉暗刻鱼藻纹罐	084
43	明早期 霁蓝釉盖罐	086

44	明洪武 釉里红缠枝花卉纹碗	088	66	明宣德 青花海兽纹高足杯	132
45	明洪武 釉里红缠枝牡丹纹高足杯	090	67	明宣德 青花缠枝花卉纹杯	134
46	明永乐 青花缠枝花卉纹甘露瓶	092	68	明成化 青花绿彩蔓草纹荸荠瓶	136
47	明永乐 青白釉盘口兽耳长颈瓶	094	69	明成化 青釉兽耳荸荠瓶	138
48	明永乐 鲜红釉留白龙纹僧帽壶	096	70	明成化 青釉荸荠瓶	140
49	明永乐 青花一把莲纹大盘	098	71	明成化 青釉出戟尊（成对）	142
50	明永乐 鲜红釉八棱洗	100	72	明成化 青釉小出戟尊（成对）	144
51	明宣德 青花宝相花纹抱月瓶	102	73	明成化 青釉八棱小瓶	146
52	明宣德 青花龙纹抱月瓶	104	74	明成化 青釉瓜棱小扁瓶（成对）	148
53	明宣德 青花折枝灵芝纹石榴尊	106	75	明成化 青釉瓜棱小瓶	150
54	明宣德 青花缠枝莲托八宝纹罐	108	76	明成化 青花天马纹天字罐	152
55	明宣德 青花留白八宝缠枝莲纹小罐	110	77	明成化 青花海水龙纹盖罐	154
56	明宣德 青花缠枝莲纹小罐	112	78	明成化 青花瓜瓞纹小盖罐	156
57	明宣德 青花瓜瓞纹小罐	114	79	明成化 斗彩缠枝莲托八宝纹天字罐	158
58	明宣德 青花花卉纹鸟食罐	116	80	明成化 斗彩缠枝莲托八宝纹天字罐	160
59	明宣德 青花穿花凤纹梨形壶	118	81	明成化 斗彩缠枝莲纹天字罐	162
60	明宣德 青花双凤纹盘	120	82	明成化 斗彩缠枝莲纹天字罐	164
61	明宣德 紫金釉高足碗	122	83	明成化 斗彩海象纹天字罐	166
62	明宣德 青花折枝花果纹葵口斗笠碗	124	84	明成化 斗彩麒麟纹天字罐	168
63	明宣德 青花海水龙纹金钟碗	126	85	明成化 斗彩应龙纹天字罐	170
64	明宣德 黄釉暗刻龙纹碗	128	86	明成化 瓜瓞螭龙纹天字罐	172
65	明宣德 霁蓝釉暗刻穿花凤纹碗	130	87	明成化 斗彩天马纹天字罐	174

88	明成化 青釉盖罐（成对）	176	110	明成化 斗彩莲托八宝纹碗	220
89	明成化 斗彩草虫花卉纹圆盖盒	178	111	明成化 斗彩团龙纹碗	222
90	明成化 红绿彩灵芝纹香盒	180	112	明成化 斗彩团龙纹碗	224
91	明成化 素三彩鸭形香熏	182	113	明成化 斗彩盆花果蔬纹碗	226
92	明成化 青花龙凤纹盘	184	114	明成化 斗彩缠枝月季纹卧足碗	228
93	明成化 青花内十字杵外夔龙纹盘	186	115	明成化 斗彩折枝花果纹小碗	230
94	明成化 青花岁寒三友纹盘	188	116	明成化 釉里红龙纹碗	232
95	明成化 斗彩龙纹盘	190	117	明成化 蓝釉碗	234
96	明成化 青花绿彩龙纹盘	192	118	明成化 绿釉碗	236
97	明成化 斗彩翼龙纹盘	194	119	明成化 斗彩缠枝莲纹高足杯	238
98	明成化 斗彩莲池鸳鸯纹盘	196	120	明成化 斗彩缠枝莲纹高足杯	240
99	明成化 青花釉里红海水龙纹盘	198	121	明成化 斗彩折枝莲纹高足杯	242
100	明成化 孔雀绿釉青花穿花凤纹盘	200	122	明成化 孔雀绿釉高足杯	244
101	明成化 青花松竹梅纹高足碗	202	123	明成化 青釉高足杯	246
102	明成化 青花缠枝牡丹纹高足碗	204	124	明成化 青花三秋杯	248
103	明成化 斗彩缠枝莲纹高足碗	206	125	明成化 青花花鸟纹杯	250
104	明成化 斗彩麒麟天马纹高足碗	208	126	明成化 斗彩鸡缸杯	252
105	明成化 青花矾红鱼纹高足碗	210	127	明成化 斗彩三秋杯（成对）	254
106	明成化 青花秋葵纹宫碗	212	128	明成化 斗彩高士杯（成对）	256
107	明成化 青花团凤纹宫碗	214	129	明成化 斗彩落花流水杯	258
108	明成化 青花缠枝花卉纹宫碗	216	130	明成化 斗彩瓜瓞纹杯（成对）	260
109	明成化 青花瓜瓞纹宫碗	218	131	明成化 斗彩莲池鸳鸯纹杯	262

132 明成化 斗彩三多纹马蹄杯（成对）	264
133 明成化 斗彩折枝莲纹杯	266
134 明成化 斗彩折枝莲纹杯	268
135 明成化 青花矾红折枝莲纹杯	270
136 明成化 黄釉杯（成对）	272
137 明成化 黄釉杯（三件）	274
138 明成化 绿釉杯	276
139 明成化 绿釉杯	278
140 明成化 青釉花口杯	280
141 明成化 青釉斗笠杯	282
142 明弘治 黄釉龙纹盘	284
143 明弘治 黄釉碗	286
144 明弘治 黄釉碗	288
145 明弘治 黄地青花云龙纹碗	290
146 明正德 青花红绿彩龙纹碗	292
147 明隆庆 青花云鹤八仙纹葫芦瓶	294
148 明万历 五彩花鸟纹圆捧盒	296
149 明万历 黄釉碗	298
150 清康熙 青花五彩山水图筒瓶	300
151 清康熙 豇豆红釉柳叶瓶	302
152 清雍正 白釉盘	304
153 清雍正 青花凤纹小洗（成对）	306
154 清雍正 胭脂红釉碗	308
155 清咸丰 斗彩扇形盒	310
专论	312
参考文献	330

图录

Catalogue

1 隋 白釉双龙柄联腹传瓶

高23.2厘米　口径6厘米　足宽10.5厘米

此瓶造型奇特，同类器物在国内公立博物馆仅存三件，一为中国国家博物馆藏隋李静训墓出土传瓶，一为天津博物馆藏，一为连云港市博物馆藏。

李静训墓出土之瓶底部刻铭有"此传瓶"字样，此瓶因而得以定名。

瓶盘口，长颈，颈下双腹并连，两侧各塑一龙形柄。胎土白中泛黄，施有化妆土，腹部以上施白釉，釉面开有细碎纹片。

残损状态：器物整体基本完整，仅一侧龙首部有小缺。

修复情况：以漆灰补塑缺损，生漆、黑漆多道找平，打磨平滑后用弁柄漆勾描补缺部位，待将干时扫上金消粉，生漆揩涂固金完成修复。

隋 白釉双龙柄联腹传瓶

2 | 唐 鲁山窑花釉双系执壶

高18.3厘米　口径11厘米　足径9.6厘米

鲁山窑花釉瓷是唐代名品，所谓花釉是指在深色釉面上点缀以天蓝或月白色斑点，作有规律或无规律分布，变幻莫测，自然生动，呈现出绚烂斑驳的视觉感受。唐代文献《羯鼓录》中有"不是青州石末，即是鲁山花瓷"之语，今已为窑址考古研究所证明。

此执壶撇口、直颈，流口自下而上渐收，两侧肩部各装一系，壶柄、系皆塑为并列双股形。壶身挂黑釉，腹下至底无釉，腹壁花釉斑呈色蓝白，肌理变幻、流淌生动。

残损状态：器物整体基本完整，仅口沿部位有一处小缺损。

修复情况：以漆灰补塑缺损，生漆、黑漆多道找平，打磨平滑后，以黑推光漆勾描补缺部位，磨退光后加以揩清推光，以素髹工艺完成修复。完成后的修复效果几与原器融为一体，为使缺损部位与原器质色有所区别，未以色漆模仿做色，因而细视之仍可分辨修复部位。

唐 鲁山窑花釉双系执壶

3 | 宋 磁州窑剔地花鸟纹双耳扁瓶

高30.5厘米　口径8.1厘米　足径7.6厘米

陶瓷剔花工艺可分为留花剔地和留地剔花两种，本器为前者，花纹突起，露出胎色，具有浅浮雕般效果。在坯体上敷一层化妆土，然后划出纹饰，再剔去花纹外的化妆土后罩釉烧成。

残损状态： 器身破裂为数个大片，口沿有缺损。

修复情况： 清理断口后，以麦漆进行胎体黏合复位，以牙科倒模蜡辅助环氧树脂塑形胶捏塑缺失的口沿破损，并以漆灰填平断口缝隙部位，再经多道黑漆找平断口裂痕处，打磨平滑后，以弁柄漆勾描，等将干未干时扫纯金粉，待干后擦拭生漆固粉。

宋 磁州窑剔地花鸟纹双耳扁瓶

4　金 磁州窑白地黑花牡丹纹梅瓶

高38厘米　口径7.8厘米　足径11.4厘米

白地黑花是磁州窑著名的釉下黑彩工艺，先在成型的瓷坯上施一层洁白的化妆土，并在化妆土上用毛笔蘸细黑料描绘图案，然后上施一层薄而透明的玻璃釉入窑烧造。

此件梅瓶带有罕见的弧线形盘口，削肩、鼓腹，腹下渐收，底平，下有圈足。瓶自肩至腹底两侧各绘一折枝牡丹纹，枝叶相互应合，富于韵律美感。器表透明釉有细碎开片。

残损状态：器物整体基本完整，仅口沿部位有一处磕损断片。

修复情况：以麦漆黏合瓶口部位断片，调制漆灰刮填入断片缝隙补充缺失的部分，再经多次补敏填缝后初步找平。生漆、黑漆多道髹涂后打磨平滑，以弁柄漆勾描断片缝隙，待将干时扫上金消粉，生漆揩涂固金完成修复。

金 磁州窑白地黑花牡丹纹梅瓶

5 | 宋 白釉梅瓶

高29厘米　口径5.4厘米　足径7.6厘米

梅瓶整体呈橄榄形，颈较短，圆唇口，平沿外折，削肩鼓腹，腹部下收，圈足，足底无釉。通体挂乳白色釉，有土沁，瓶底抓胎上釉指痕明显。应为北宋时期北方窑系产品。

残损状态： 器身基本完整，瓶口有小缺损。

修复情况： 以牙科倒模蜡辅助环氧树脂塑形胶补缺，再以漆灰反复调整形态后，以生漆涂固并打磨平滑。其后以三道黑漆打底，以弁柄漆勾描，等将干未干时扫纯金粉，待干后擦拭生漆固粉后完成。

宋 白釉梅瓶

6 | 宋 影青釉花口瓶

高19厘米　口径9.8厘米　足径8.4厘米

景德镇在北宋走上创新之路，创烧出介于青瓷和白瓷之间的新品种影青（青白瓷）。此例花口瓶为宋代常见器型，直颈斜上展为轻薄峭立的花口，圆腹，足墙高而外撇。釉薄而透，积釉处现水青色，釉面局部有土沁。

残损状态： 瓶口部位有多处磕碰缺损，并带有多处可见胎体的缩釉斑。

修复情况： 缺肉处以环氧树脂塑形胶捏塑缺失的口沿破损，漆灰补敏，反复调整形态至理想厚度及弧度后，以生漆涂固，其后以三道黑漆打底打磨平滑。因缩釉斑靠近口部，为与修复后效果一致，以漆灰填入补平缩釉处高低差，继而以黑漆找平。以弁柄漆勾描口沿补肉及缩釉处，等将干未干时扫纯金粉，待干后擦拭生漆固粉后完成。

宋 影青釉花口瓶

7 | 宋 龙泉窑青釉执壶

高15.3厘米　口径6.8厘米　足径4.8厘米

执壶长颈撇口，斜肩折腹，腹侧刻莲瓣纹。釉色粉青，光泽肥厚莹润。

残损状态：壶扳部位整体缺失。

修复情况：因烧造时胎体形变扭曲，壶扳上下不在一条水平线上，为避免随意捏塑而失去原始器型的韵味，查阅大量资料，参照同时期执壶扳部线条样式，方开始谨慎恢复其形态。以夏用牙科修复蜡片辅助环氧树脂塑形胶塑形，经漆灰多次修整得到满意的形态后，以生漆涂固。其后以多道黑漆打底，以弁柄漆勾描，等将干未干时扫纯金粉，待干后擦拭生漆固粉后完成。

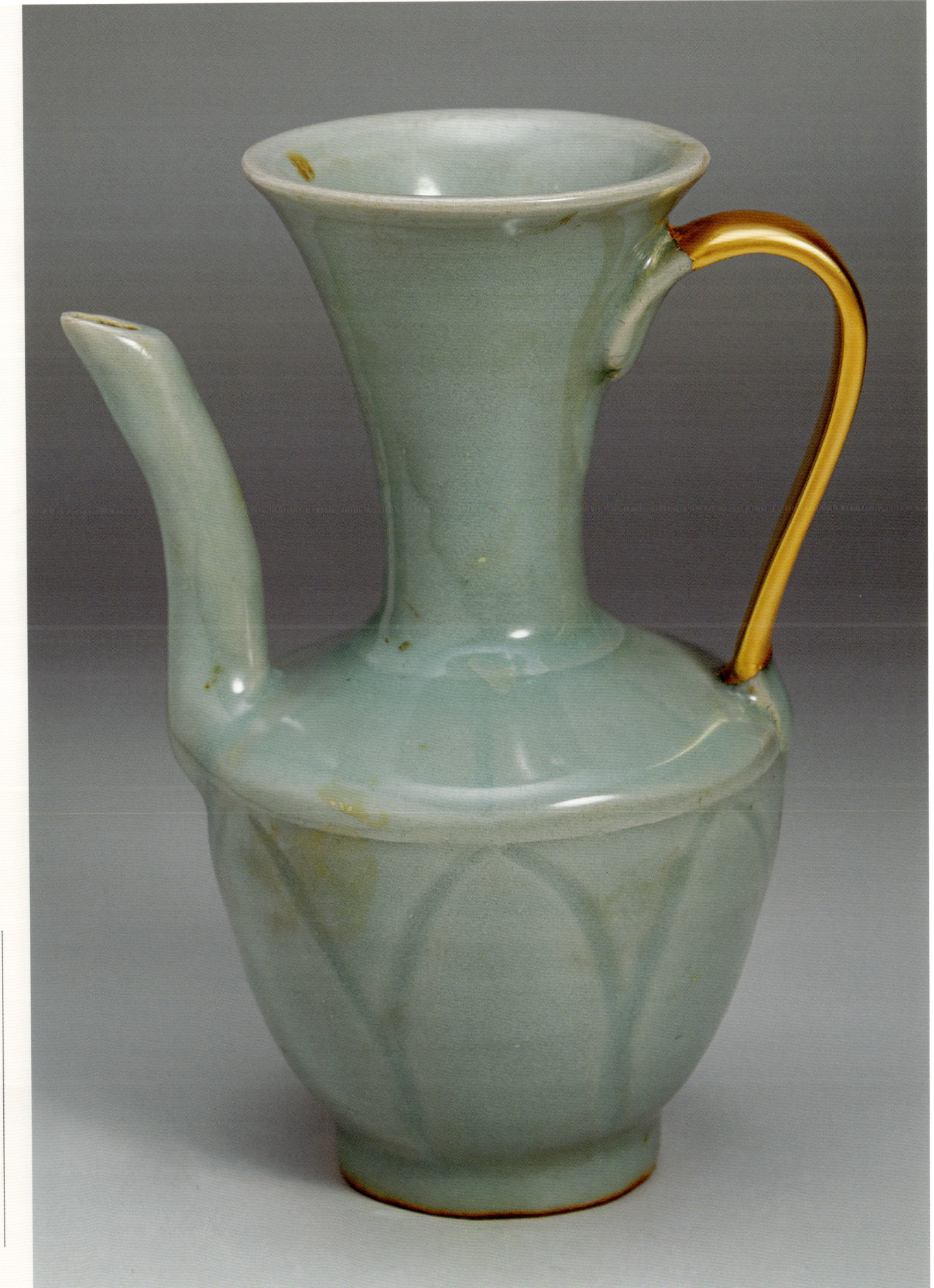

宋 龙泉窑青釉执壶

8 宋 龙泉窑黑胎青釉葫芦形执壶

高 13.5 厘米　口径 2.5 厘米　足径 5.9 厘米

残损状态： 主体完整，流口上半部缺失。

修复情况： 由于流部缺失约半，为避免臆造而失去原始器型的韵味，查阅大量资料，参照同时期执壶流口造型，确定流口外撇的角度与高度后，才开始谨慎地恢复其形态。

以夏用牙科倒模蜡片卷为与流部内空相同粗细的蜡芯，再用环氧树脂塑形胶逐渐捏塑缺失的流口，塑形胶干固后，抽去蜡芯。

经多次观察修形，得到满意的流口形态后，经漆灰、生漆、黑漆多道找平做底，打磨平滑后，以弁柄漆勾描，等将干未干时扫纯金粉，待干后擦拭生漆固粉后完成。

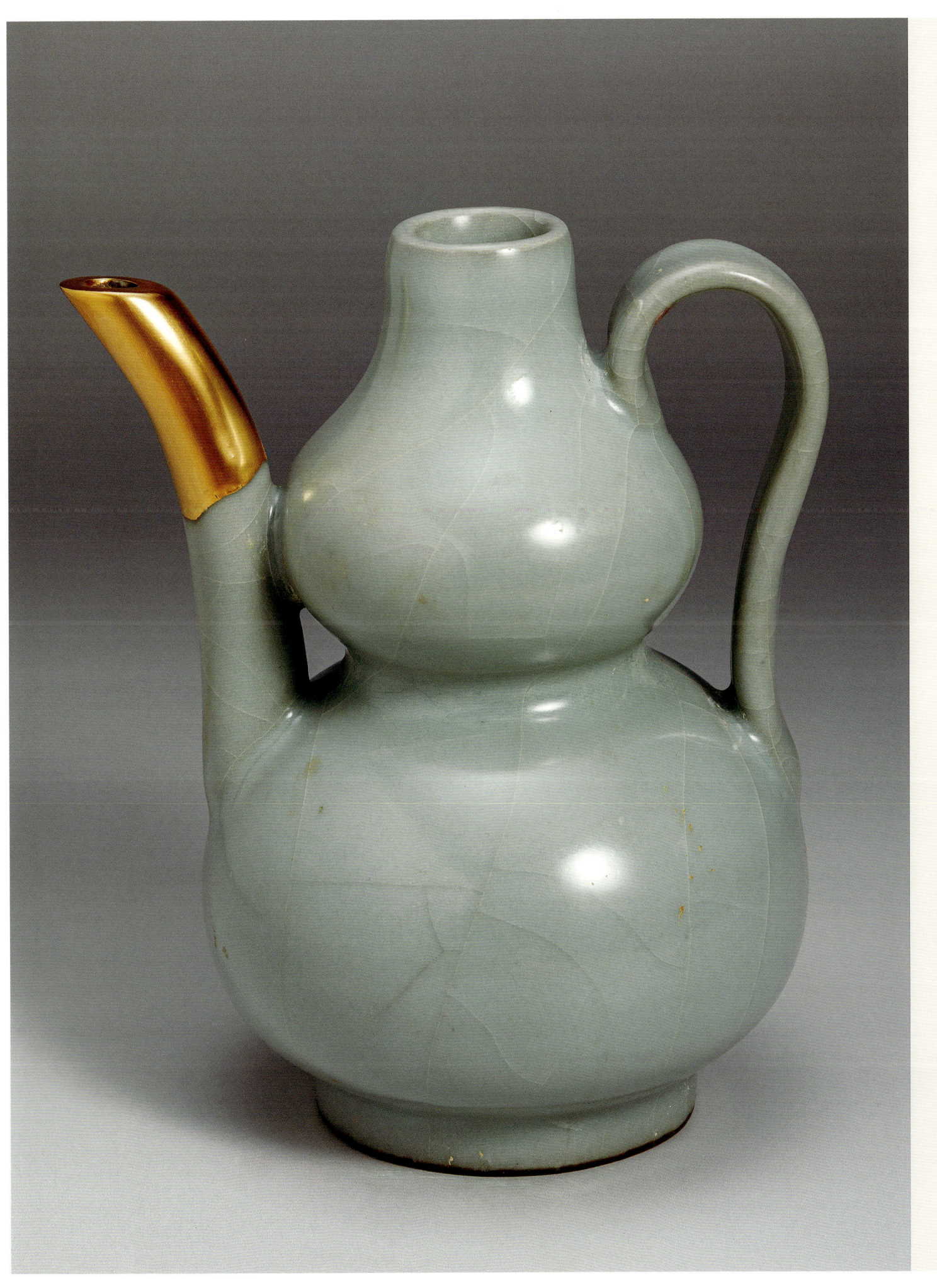

宋龙泉窑黑胎青釉葫芦形执壶

葫芦多籽,在中国传统文化中象征子孙满堂,而且葫芦图案连枝带蔓,还蕴含了家族绵延无穷、万代兴旺的吉祥意义。

陶瓷中的葫芦器形最早源于新石器时代仰韶文化半坡类型和史家文化的葫芦式陶瓶,自唐代以始,因其谐音"福禄",遂成为传统造物器型的一个品类。

本件葫芦形执壶属黑胎龙泉窑,足底露胎,胎色深紫。流与扳皆下直上曲,带有紧凑流畅的动感。

9 | 宋 影青釉执壶

高21.4厘米　口径6.4厘米　足径6.2厘米

执壶光素无纹,长颈撇口,鼓腹,圈足内无釉,带有垫饼支烧痕。流与扳部皆直起向上,末端弯转撇出,动势挺拔优雅。釉面青白,润泽美观。

残损状态:器身基本完整,壶扳部断落。

修复情况:清理壶扳断口后,以麦漆黏合复位,漆灰补平缝隙并水磨光滑,以多道黑漆打底再次找平,以弁柄漆勾柄断口线条并上纯金粉。

宋　影青釉执壶

10 宋 龙泉窑粉青釉渣斗

高 7 厘米　　口径 8.9 厘米　　足径 5.6 厘米

残损状态：器身基本完整，无冲线断裂，底足磕损缺失二处。

修复情况：以牙科倒模蜡片辅助环氧树脂胶补塑底足缺损，反复调整补肉处形态高低厚薄，与原器形相合。吃生漆后，涂多道黑漆打磨平滑，勾描弁柄漆井上纯金粉，揩拭生漆固粉。

宋 龙泉窑粉青釉渣斗

此类渣斗又称"尊式渣斗",造型来源于先秦青铜礼器,主要用于茶席上收纳茶渣剩水,自宋至清,都属文房清供的流行品式之一。

此例龙泉窑渣斗直颈,扁圆腹,圈足,釉色粉青,冰裂开片,开片内有土沁,足圈露胎处有火石红。

11 | 宋 官窑天青釉洗

高4.3厘米　口径15厘米　足径11厘米

官窑是创烧于北宋的宋瓷名品，残件亦极珍罕。

本例天青釉洗圆形敞口，内直壁，外壁略弧收。平底无足，底部边缘有五个支烧钉痕。通体素面，内外施釉，釉色天青，带有细密冰裂纹开片，淡雅柔和，略带土沁。

残损状态：主体基本完整，一侧口部因受外力磕碰，有蔓延于壁身的冲线、缺釉与小缺，冲线与原始冰裂开片连成一片，因历时久远，有黑灰色污垢沁入。

修复情况：器物贵重，避免修复中损伤原件。仅以生漆渗透加固略有松动的裂片，以漆灰补充小片缺肉，黑漆补平打磨滑利，不作拆解处理。

继而以黑漆勾描填补缺釉和沁色的裂缝，在缺肉处及裂缝局部上弁柄漆，待半干未干时扫金粉，不整体填充金线，上金处微闪断续的光晕，尽力营造深浅层次感，与原物自然柔润的质感相映衬。

宋 官窯天青釉洗

12 | 宋 影青釉划花婴戏纹碗

高7.5厘米　口径20.5厘米　足径6厘米

碗呈斗笠造型，壁稍带弧度，撇口圈足，底足内无釉，有垫饼痕。

釉薄处微受沁。碗内壁以划花工艺刻画荚蝶婴戏纹，为南宋时期青白瓷的经典装饰纹样。

残损状态：一侧碗壁磕碰断裂两片，足圈一侧有小缺。

修复情况：清理断片破口后，以麦漆进行胎体黏合复位，因器物略受土沁伤及釉面，漆灰补缝工序以细笔蘸稀漆灰多次填入，尽量避免漆色对釉面造成污损。足圈部位以漆灰补肉。

经多道黑漆打磨找平裂痕处后，以弁柄漆勾描，等将干未干时扫纯金粉，待干后擦拭生漆固粉。

宋 影青釉划花婴戏纹碗

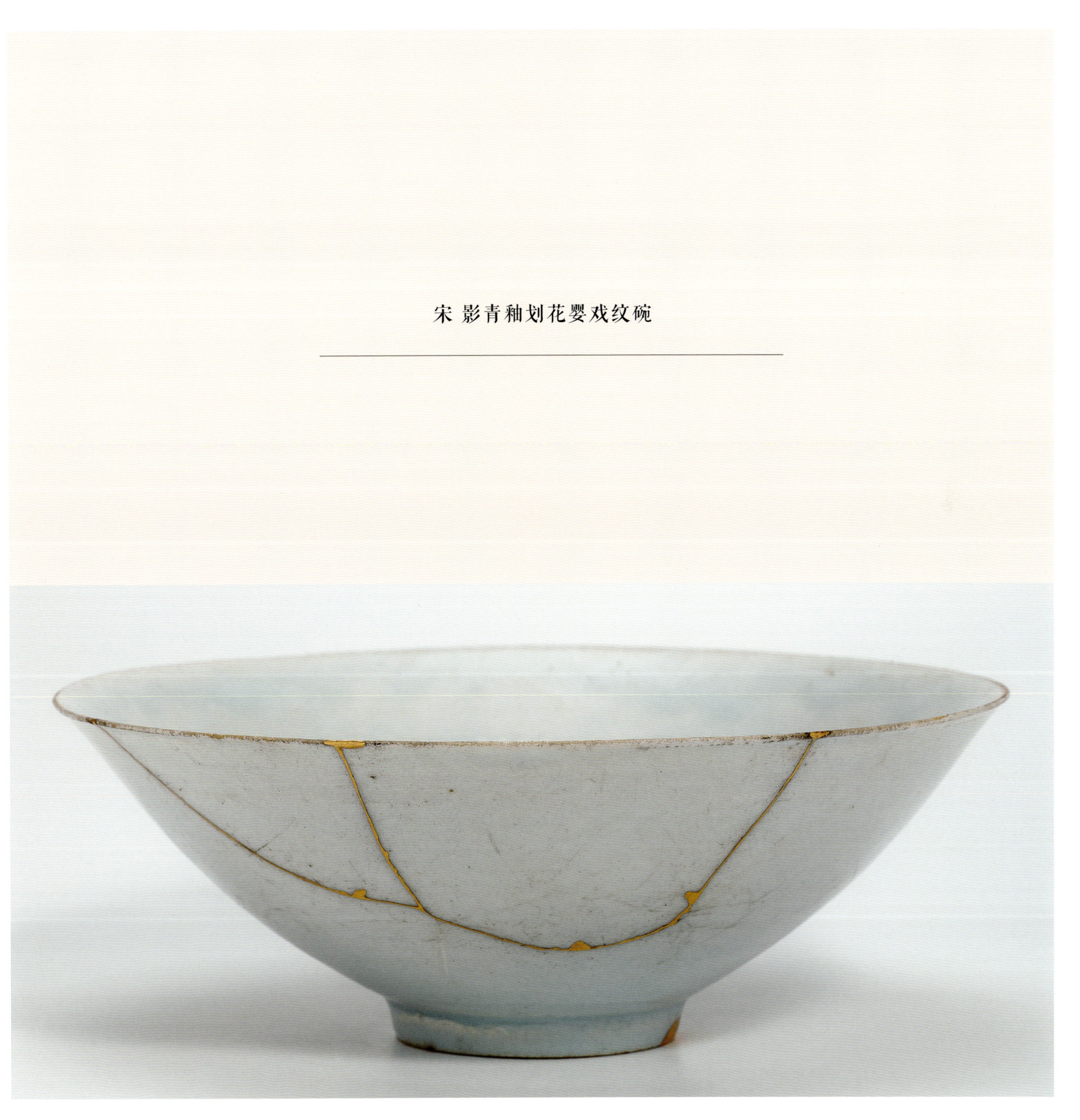

13 | 宋 影青釉划花婴戏纹碗

高5.8厘米　口径17.3厘米　足径3.4厘米

碗为斗笠式，胎薄而造型峭立秀挺，碗口微撇，小圈足。

足底有垫饼痕。碗内壁以划花工艺刻画婴戏纹饰。内外皆挂影青釉，烧成氛围极佳，呈色淡雅莹润，别具宋人日用之美。

残损状态：圈足一侧有缺损，余处无损。

修复情况：以牙科倒模蜡片辅助环氧树脂塑形胶补缺，反复打磨修整补缺处的形态，达到与原器相适配的状态后，以生漆吃胎、漆灰找平，再以多道黑漆髹涂水磨滑利后，以弁柄漆勾描断片缝隙及补缺部位后上纯金粉，以生漆揩涂固金后完成修复。

宋 影青釉划花婴戏纹碗

14 | 宋 吉州窑黑釉木叶斗笠盏

高5.6厘米　口径16厘米　足径3.6厘米

木叶盏是吉州窑名品，是宋代雅致天然美学倾向的代表。

此例木叶盏敞口，斜直壁，整体施黑褐色釉，釉面有土沁，仅壁外侧一小局部保存原始的釉面光润状态。内壁木叶呈黄褐色，形态清晰，叶脉分明，在传世吉州窑木叶盏中为罕见。

残损状态：器身基本完整，破裂分离为六片，无缺损。

修复情况：清理断片破口后，以麦漆进行胎体黏合复位，因土沁造成胎体釉面略为失光，在裂缝处做漆灰补缝工艺时，需小心以细笔蘸稀漆灰多次填补，尽量避免漆色对釉面造成污损。

经多道黑漆打磨找平裂痕处后，以弁柄漆勾描，等将干未干时扫纯金粉，待干后擦拭生漆固粉。黑釉地上闪耀金理，获得较为满意的修复效果。

宋 吉州窑黑釉木叶斗笠盏

15 | 宋 建窑红兔毫茶盏

高7厘米　口径12.4厘米　足径4.1厘米

"兔毫"是建盏中的著名品类,釉面多条状结晶纹,柔细如兔毛,故而得名。

本例建窑茶盏束口,深弧腹斜收,圈足,底部不施釉,胎呈深黑褐色。黑釉底色上,盏口部呈柿红釉色,向下转为条状的兔毫纹理。

残损状态: 器身基本完整,口沿处有三处小的磕碰缺损。

修复情况: 以漆灰填补口沿缺损处,反复调整补肉处形态高低厚薄,与原器形相合。吃生漆后,涂多道黑漆打磨平滑,勾描弁柄漆并刷纯金粉,揩拭生漆固粉。

从多件黑釉系陶瓷的修复经验来看,金缮工艺于深底色中映衬出光,最为相宜。

宋 建窯紅兔毫茶盞

16 | 宋 建窑兔毫茶盏

高6.8厘米　口径12厘米　足径4厘米

盏束口圈足，施釉不及底，釉面肥润，盏内外在深浓的黑褐底色上呈现大小不一的暗橙色条索状斑纹，分布不均，稀疏处隐约可见，致密处聚拢成片。

残损状态：器身基本完整，仅口沿处有一处小磕损。

修复情况：以漆灰填补口沿缺损处，反复调整补肉处形态高低厚薄，与原器形相合。吃生漆后，涂多道黑漆打磨平滑，勾描弁柄漆并上纯金粉，揩拭生漆固粉。

宋 建窰兔毫茶盞

17 | 宋 龙泉窑黑胎青釉把杯

高4厘米　口径10厘米　足径5.4厘米

把杯深腹，釉色深浓，有细密冰裂纹，足底不施釉，胎质细密呈黑紫色，口沿釉薄处微露胎。

此类把杯形制由唐代金银器器形演变而来，浙江省博物馆、湖州市博物馆等处有类似藏品存世，此类黑胎龙泉窑器，学界普遍认为属龙泉窑仿南宋官窑作品。

残损状态： 主体完整，扳部缺失。

修复情况： 以环氧树脂塑形胶捏塑缺失的扳部，反复调整形态至理想状态后，以生漆涂固三次并反复打磨平滑，以便填充的实质胎体部分与大漆饰面更好地接合。其后以三道黑漆打底，以弁柄漆勾描，等将干未干时扫纯金粉，待干后擦拭生漆固粉后完成。

宋 龙泉窑黑胎青釉把杯

18 | 宋 龙泉窑黑胎青釉把杯

高4.3厘米　口径9厘米　足径4.9厘米

把杯深腹，釉色莹润，青中闪灰，有冰裂纹开片，足底不施釉，胎质细密呈黑紫色，口沿釉薄处微露胎。

残损状态：主体完整，口部有小缺，扳部断为三截。

修复情况：清理断口后，以麦漆进行胎体黏合，并以漆灰填补口沿缺肉、填平断口缝隙部位，再经多道黑漆找平断口裂痕处，打磨平滑后，以弁柄漆勾描，等将干未干时扫纯金粉，待干后擦拭生漆固粉。

宋 龙泉窑黑胎青釉把杯

19 | 宋 龙泉窑粉青釉敛口小盏

高4.2厘米　口径9.4厘米　足径3.7厘米

此例小盏亦属龙泉窑中精巧秀致的品类。敛口，浅弧腹，圈足，足圈内施满釉，足底露胎处有火石红。器身饱满，釉色莹润。

残损状态： 口沿处有两处微小磕损。

修复情况： 以漆灰填充口沿缺损，反复修形至适当形态后，生漆、黑漆多道找平做底，以弁柄漆勾描，将干时上金，并以生漆揩涂固金。

宋 龙泉窑粉青釉敛口小盏

20 | 元 青花缠枝牡丹纹梅瓶

高41厘米　口径7厘米　足径14.6厘米

梅瓶翻折小口，丰肩平腹，下渐收，器型修长，体量硕大。从上至下共绘六层纹饰，其中肩及上腹绘下垂如意云头开光，内饰细叶小花卉，下腹绘主题纹饰缠枝牡丹。

图案以小笔绘出，精致传神，用笔富力度弹性。

残损状态：整体基本完整，口沿及足底有碰撞缺损。

修复情况：以牙科倒模蜡片辅助环氧树脂塑形胶补缺，反复打磨修整补缺处的形态，达到与原器相适配的状态后，以生漆吃胎，漆灰找平，再以多道黑漆糅涂水磨滑利后，以弁柄漆勾描补缺部位后上纯金粉，以生漆揩涂固金后完成修复。

元 青花缠枝牡丹纹梅瓶

21 | 元 青花折枝花卉纹八棱象耳瓶

高31.4厘米　口径8厘米　足径10厘米

八棱象耳造型的元青花瓶类器物传世极为罕见，仅知安徽博物院藏有一件。

此例即使残损也相当珍贵。瓶身整体为八方造型，盘口，长颈，弧腹，颈部穿环双象耳。主体纹饰为折枝花卉，辅以蕉叶纹、卷草纹、莲瓣等，构图饱满，繁而不乱。

残损状态：断裂为数片，瓶身有大量磨损和土沁，象鼻部分缺失，瓶下部一侧缺失面积较大。

修复情况：以麦漆复位黏合胎体，以牙科修复蜡片在瓶身基本完整一侧取形，配合环氧树脂塑形胶捏塑胎体，反复打磨修形与原器型一致后，以生漆固胎，并以细漆灰多次找平，再上黑漆多道水磨至光滑平整。根据瓶身上残留的图案及其他文物资料旁证，以弁柄漆勾描缺失的图案，待干后复描两道至图案堆起高出黑漆地后，在补缝及缺肉处整体上弁柄漆，待将干未干时上纯金粉，以生漆揩涂固金。完成后图案与金地远看融为一体，近看历历在目，使原器面貌得到全面展现。

元 青花折枝花卉纹八棱象耳瓶

22 | 元 青花龙纹玉壶春瓶

高25.6厘米　口径7.9厘米　足径8.2厘米

玉壶春瓶是元代常用的酒器，与储酒器梅瓶不同的是，元代的玉壶春瓶通常胎体轻盈，适于在酒席上倾倒酒液。

此玉壶春瓶在瓶身上绘一引首前行的走龙，笔触清晰，神采勃发，在存世元青花中可称画工优异者。

残损状态： 瓶身断裂为数片，并在龙身部位有缺损。

修复情况： 以麦漆复位黏合胎体，牙科倒模蜡片辅助环氧树脂塑形胶补缺，反复打磨修整补缺处的形态后，生漆、漆灰、黑漆多道打磨找平。以弁柄漆勾描龙纹图案缺损的部分，待干后再复描一至两遍，使图案堆起一定的高度。以弁柄漆勾描断片缝隙及补缺部位后上纯金粉，修复后的补描图案呈金色浮雕状。

元 青花龙纹玉壶春瓶

23 | 元 青花龙纹玉壶春瓶

高24.5厘米　口径7.2厘米　足径7.4厘米

此玉壶春瓶细颈垂腹，口沿绘火纹三朵，上下共有七层纹饰，瓶腹绘主题纹饰三爪龙纹。

残损状态：整体器型基本完整，瓶身断裂为数片。

修复情况：将破口断口清理洁净后，以麦漆复位黏合胎体，生漆、漆灰、黑漆多道打磨找平后，以弁柄漆勾描断片缝隙及补缺部位后上纯金粉，以生漆揩涂固金后完成修复。

元 青花龙纹玉壶春瓶

24 | 元 青花梅月龙纹玉壶春瓶

高29厘米　口径8.1厘米　足径8.5厘米

梅梢月或称月影梅，在宋元时期陶瓷、漆器等器物中常有应用。

此玉壶春瓶瓶口绘梅月纹饰，瓶身绘一条昂首的行龙，在存世的元青花中别具悠然的韵味。

残损状态：器身基本完整，瓶底有一片缺损。

修复情况：牙科倒模蜡片辅助环氧树脂塑形胶补缺，反复打磨修整补缺处的形态后，生漆、漆灰、黑漆多道打磨找平。以弁柄漆勾描补缺处后上纯金粉，以生漆揩涂固金后完成修复。

元 青花梅月龙纹玉壶春瓶

25 | 元 青花麒麟飞凤纹玉壶春瓶

高24.4厘米 口径7.2厘米 足径7.4厘米

此件玉壶春瓶青花纹饰章法谨严，上下共有八层纹饰。

瓶腹主题纹饰在传世的元代玉壶春瓶中较为罕见，在瓶腹两侧分绘麒麟及飞凤，二者之间联以缠枝莲纹。

残损状态：器身基本完整，瓶身自肩下断裂为两截。

修复情况：以麦漆复位黏合胎体，以生漆、漆灰、黑漆多道打磨找平缝隙。以弁柄漆勾描接缝处后上纯金粉，以生漆揩涂固金后完成修复。

元 青花麒麟飞凤纹玉壶春瓶

26 | 元 青花满池娇纹玉壶春瓶

高28.8厘米　口径8.4厘米　足径9.2厘米

满池娇纹始创于宋代，在元明清历朝都受到普遍喜爱，是一种以图绘的形式描绘池塘花鸟景色的传统纹饰。

此玉壶春瓶撇口、细颈、垂腹、圈足，足墙外撇。瓶口内沿绘饰一圈青花卷草纹，外壁自上而下共绘纹饰八层，瓶腹绘青花满池娇纹作为主题纹饰。青花彩料在釉下稍有晕散，发色浓翠，纹饰描绘生动瑰丽。

残损状态： 器物被摔裂为大小不一的多个断片，口沿和瓶身部位有数处中小缺损。

修复情况： 将断口加以清洁处理后，以麦漆进行胎体黏合复位，并以牙科倒模蜡片辅助环氧树脂塑形胶补塑缺失部位，续以漆灰刮填断口缝隙和补缺部位初步找平，再经多道黑漆找平断口和补缺处，打磨平滑后，以弁柄漆勾描，将干未干时扫纯金粉，待干后擦拭生漆固金。

元 青花满池娇纹玉壶春瓶

27 元 釉里红点彩斑玉壶春瓶

高 23.3 厘米　口径 6.6 厘米　足径 7.4 厘米

残损状态：瓶身断裂为多片，下腹有一块较大缺肉。

修复情况：以麦漆复位黏合胎体，牙科倒模蜡片辅助环氧树脂塑形胶补缺，生漆、漆灰、黑漆多道打磨找平后，以弁柄漆勾描断片缝隙及补缺部位，贴烧铜箔，以生漆揩涂防止烧铜箔氧化。完成修复后的玉壶春瓶烧铜箔发色与原始点斑色彩相近，且带有金属光泽，较之用金修饰更为合宜。

元 釉里红点彩斑玉壶春瓶

釉里红也是元代釉下彩名品,多以铜红发色,但因温控技术尚不成熟,多发色偏黑褐。

此件玉壶春瓶以釉下铜红彩点斑,手法颇具自然之趣,为存世罕见品种。

28 | 元 釉里红留白凤纹玉壶春瓶

高26.8厘米　口径8.3厘米　足径8厘米

此玉壶春瓶细颈垂腹，烧造时胎体有明显形变。瓶腹线刻凤纹，以釉下氧化铜红料抹绘地色，形成留白凤纹图案。

残损状态：器型基本完整，瓶身断裂为数片，口沿处有缺肉。

修复情况：以麦漆复位黏合胎体，牙科倒模蜡片辅助环氧树脂塑形胶补缺，生漆、漆灰、黑漆多道打磨找平后，以弁柄漆勾描断片缝隙及补缺部位上纯金粉，生漆揩涂固金后完成修复。

元 釉里红留白凤纹玉壶春瓶

29 | 元 釉里红凤纹玉壶春瓶

高28厘米 口径7.4厘米 足径8.2厘米

元代釉里红的用色和勾描方式经过涂绘、点染等上彩方式后，晚期发展到线绘勾描方式，渐趋成熟，此例玉壶春瓶线绘流畅清晰，发色均匀，即其中代表。

残损状态：器型基本完整，瓶身断裂为数片，口沿有两处小缺。

修复情况：以麦漆复位黏合胎体，漆灰补缺，并以生漆、漆灰、黑漆多道打磨找平后，以弁柄漆勾描断片缝隙及补缺部位并上金，以生漆揩涂固金后完成。

元 釉里红凤纹玉壶春瓶

30 | 元 霁蓝釉玉壶春瓶

高28.6厘米　口径7.5厘米　足径8.1厘米

霁蓝釉是元朝始烧成功的著名单色釉品种，传世元代霁蓝釉文物多为蓝地白花，纯素色的元霁蓝釉遗存极其珍罕，本例玉壶春瓶即其中代表。

瓶细颈垂腹，腹下部有接胎痕，足墙外撇。釉面幽深莹润，施釉不均，瓶足底挂白中闪青的透明釉，有抹釉痕，带有明显元代瓷器的工艺特征。

残损状态：器身基本完整无缺肉，断裂为三段。

修复情况：清理断片破口后，以麦漆进行胎体黏合复位，因单色釉器物釉面以光洁莹润为美，漆灰补缝工序以细笔蘸稀漆灰多次填入，在炭磨时尽量细心，避免磨损釉面。其后以下、中、上涂漆打底打磨平滑，以弁柄漆勾描断裂线条并上纯金粉，待干后擦拭生漆固粉后完成。

元 霁蓝釉玉壶春瓶

31 | 元 青花缠枝牡丹纹罐

高18.8厘米　口径12.7厘米　足径12.3厘米

传世及考古出土的元青花缠枝牡丹纹罐多为大型品类，如此件这般属中小型的传世品极为罕见。

罐自口沿至足部纹饰共有五层，分别为缠枝菊纹、缠枝莲花纹、缠枝牡丹纹、卷草纹、仰莲纹，其中腹部所绘主体纹饰缠枝牡丹，以四朵牡丹的正侧不同姿态绘饰一周，是元代瓷器的代表性主题纹饰。

残损状态：整体破裂为数个大片，下腹与底足有缺损。

修复情况：清理破片断口所黏附的灰尘与原始修复的石膏残留后，以麦漆复位黏合胎体，以牙科倒模蜡片辅助环氧树脂塑形胶补缺。先后以漆灰、生漆、黑漆找平，打磨光滑后，以弁柄漆勾描断片缝隙及补缺部位后上纯金粉，生漆固粉后完成修复。

元 青花缠枝牡丹纹罐

32 | 元 青花龙纹围棋罐

高11.5厘米　口径10.3厘米　足径8.4厘米

元代陶瓷围棋罐传世极其稀见，此围棋罐圆形鼓腹，腹底与罐盖形态上下呼应，分别有一道凸起的弦纹。

盖顶绘一青花团龙，罐身绘两条行龙盘绕一周，龙形双角五爪，应为元代景德镇窑专为皇室烧造的御用器。

残损状态：罐盖及罐身皆裂为数片，拼合后基本完整，无大的缺损。

修复情况：清理破片断口所黏附的灰尘与原黏合的胶剂残留后，以麦漆复位黏合胎体，漆灰、生漆、黑漆多道打磨找平后，以弁柄漆勾描断片缝隙后上纯金粉，以生漆揩涂固金后完成修复。

元 青花龙纹围棋罐

33 | 元 青花堆塑月影梅花纹印盒

高4.8厘米　口径8厘米　足径6.8厘米

印盒小巧精致，为存世元青花中罕见品类。

印盒胎体模印成型，底足不挂釉，盒壁上下分别绘饰青花卷草纹、莲瓣纹，盒顶模印月影梅花留白浮雕，地绘青花水纹，营造出"疏影横斜水清浅，暗香浮动月黄昏"的诗词意境。

残损状态： 盒底完整，盒盖破裂为四片。

修复情况： 清理破片断口所黏附的灰尘与原黏合的胶剂残留后，以麦漆复位黏合胎体。先后以漆灰、生漆、黑漆找平，打磨光滑后，以弁柄漆勾描断片缝隙后上纯金粉。

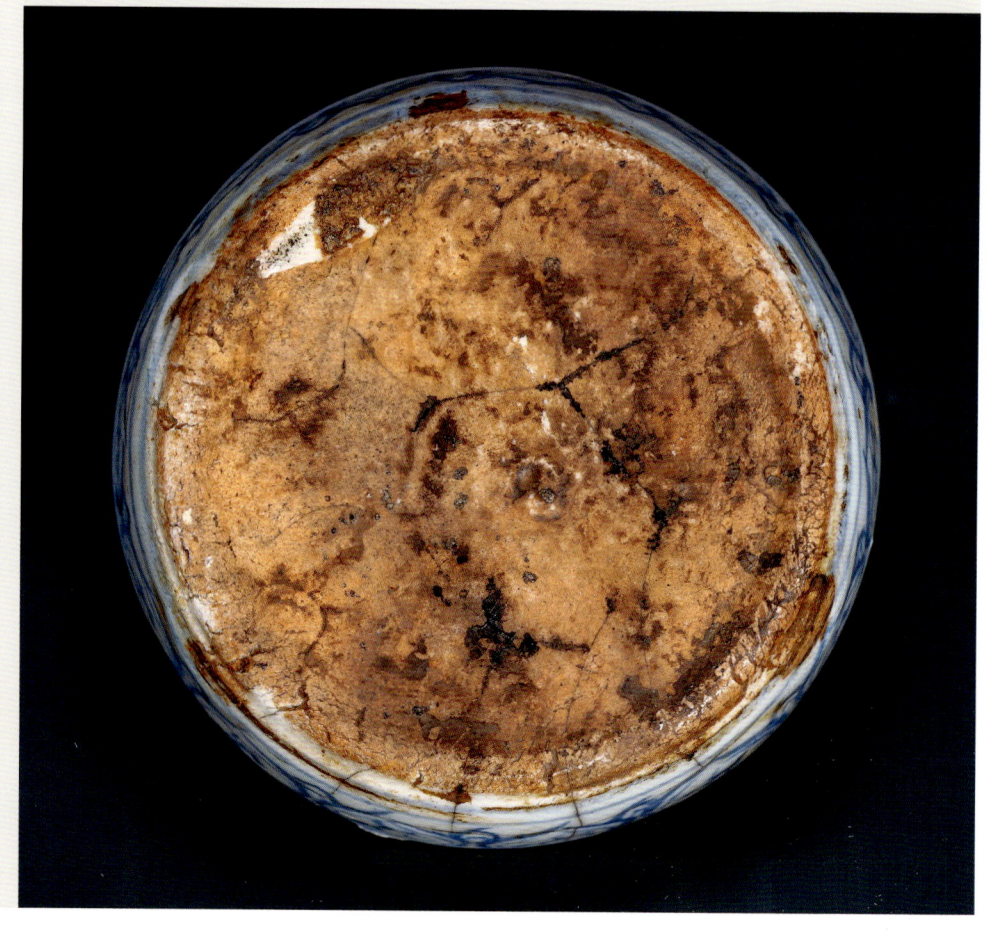

元 青花堆塑月影梅花纹印盒

34 元 龙泉窑青釉双鱼纹折沿盘

高 5 厘米　口径 19.7 厘米　足径 8.9 厘米

残损状态： 断裂为大小六片，一侧中部有小缺。

修复情况： 清理断片破口后，以麦漆进行胎体黏合复位，并以牙科专用倒模蜡片配合漆灰进行补肉工艺，因胎釉较厚，分为多次进行。

因土沁造成胎体釉面略为失光，在裂缝和补肉处做漆灰补缝找平工序时，需小心以细笔沾稀漆灰多次填补，尽量避免漆色对釉面造成污损。

经多道黑漆打磨找平裂痕处后，以弁柄漆勾描，等将干未干时扫纯金粉，待干后擦拭生漆固粉完成修复。

元 龙泉窑青釉双鱼纹折沿盘

盘折沿,浅弧腹,圈足无釉,胎釉边缘有火石红。内底贴首尾相对的模印双鱼,外壁刻狭长的莲瓣。釉色青中采灰,釉面有土沁。

35 | 元 青花花卉纹攒盘

高1.5厘米　口径20.2厘米　足径18.6厘米

攒盘起源于汉魏时期,是以一器盛放多种食品的盛器。传世的元青花攒盘极其珍罕,即使为残件,其历史价值也是值得重视的。

此件元青花攒盘圆形结体,内外为两层五格,内层圆格绘火珠纹,外层四格分绘栀子、菊花、山茶、灵芝纹饰。盘面釉光莹亮,青花发色浓翠欲滴,外底素胎无釉。

残损状态: 断裂为大小不一的数片,有两处缺肉。

修复情况: 清理破片断口所黏附的灰尘与原黏合的胶剂残留后,以麦漆复位黏合胎体,牙科倒模蜡片辅助环氧树脂塑形胶补缺,反复打磨修整补缺处的形态,达到与原器相适配的状态。漆灰、生漆、黑漆多道打磨找平后,以弁柄漆勾描断片缝隙及补缺部位后上纯金粉,以生漆揩涂固金后完成修复。

元 青花花卉纹攒盘

36 | 元 钧窑天蓝釉碗

高6厘米　口径11.8厘米　足径3.7厘米

碗敞口深腹，圈足。碗口釉薄处呈褐色，至中下部转为艳丽幽深的天蓝色，釉面散布棕眼，碗内一侧有深蓝色彩斑流布。

残损状态： 碗口一侧有磕碰缺损及小冲线。

修复情况： 以牙科倒模蜡片辅助环氧树脂塑形胶补缺，漆灰反复调整形态后，以生漆涂固。其后以三道黑漆打底，以弁柄漆勾描，等将干未干时贴纯金箔，待干后擦拭生漆固箔后完成。

元 钧窑天蓝釉碗

37 | 元 枢府釉印花龙纹碗

高8.1厘米　口径18.4厘米　足径5.4厘米

枢府釉是元代官方定烧的一类卵白或青白釉精瓷的特称，因多模印或暗刻"枢府"二字而得名。此件印花龙纹碗碗内边沿模印莲花纹，内底模印三爪龙纹，釉面乳浊莹润，为典型的卵白釉枢府瓷。

残损状态：摔裂为多片，口沿局部有缺，外壁近底处有多处缩釉斑，裸露胎体。

修复情况：以麦漆复位黏合胎体，以漆灰及环氧树脂塑形胶补塑小缺损，并以生漆、漆灰填补外壁缩釉斑，以黑漆罩涂找平多次，水磨平滑后，以弁柄漆勾描补缺、缩釉斑及缝隙处后上纯金粉，以生漆揩涂固金后完成修复。

元 枢府釉印花龙纹碗

38 | 元 青花羊纹匜

高4.7厘米　口径19厘米　足径8.6厘米

传统器型"匜"出自先秦,本是一种盥手浇水器,至宋元时期,演变为酒桌上的澄酒过滤器。

传世的元青花匜极为罕见,此件元青花匜在烧造中略有形变,但流口及口下的小穿钮都完整,且在内底绘有吉羊纹,已是十足珍品。

残损状态:器身基本完整,整体断裂为四块,无缺肉。

修复情况:以麦漆复位黏合胎体,以漆灰、生漆、黑漆多道打磨找平缝隙。以弁柄漆勾描接缝处后上纯金粉,以生漆揩涂固金后完成修复。

元 青花羊纹匜

39 | 元 青花缠枝花卉纹高足杯

高9.4厘米　口径10厘米　足径3.5厘米

高足杯撇口，弧腹，直壁喇叭式圈足，足内中空，内挂一圈较窄的白釉，带有元晚期形制特征。杯内底绘火珠，外绘一圈缠枝花卉纹，青花发色生烧显黑。

残损状态：杯口碰撞有小缺和冲线。

修复情况：清理断面后，以漆灰填补口沿小缺，多次打磨调整弧度和厚度后，以生漆固胎，再涂以多道黑漆，打磨光滑后，以弁柄漆勾描补肉及冲线部位，上纯金粉，并以生漆擦拭固粉。

元 青花缠枝花卉纹高足杯

40 元 青花婴戏纹小杯

高4.5厘米　口径8.5厘米　足径3.2厘米

此元青花小杯深腹，撇口，圈足。外壁绘缠枝菊纹，内口沿绘卷草，内底绘婴戏主题纹饰。

残损状态： 器身基本完整，口沿有两处小磕损。

修复情况： 调制漆灰填补口沿处磕损，打磨光滑后，以生漆、漆灰、黑漆多道固胎、打磨找平后，以弁柄漆勾描补缺处后上纯金粉，以生漆揩涂固金后完成修复。

元 青花婴戏纹小杯

41 | 元至明洪武 青花缠枝菊纹高足杯

高8厘米　口径9.5厘米　足径3.8厘米

缠枝菊纹是元晚期至明洪武时期流行的装饰纹样，此高足杯撇口，弧腹，下承竹节状高足，足内中空，足内挂一段不均匀的白釉。

所绘菊纹青花料炉温低产生生烧现象，发色偏黑，是此时期青花瓷的一大特征。

残损状态：杯口碰撞断下两段残片，并有一段缺损。

修复情况：清理断片破口后，以麦漆进行胎体黏合复位，以牙科倒模蜡片辅助环氧树脂塑形胶补缺。先后以漆灰、生漆、黑漆找平，打磨光滑后，以弁柄漆勾描断片缝隙及补缺部位后上纯金粉，并以生漆擦涂固粉。

元至明洪武 青花缠枝菊纹高足杯

42 元至明早期 霁蓝釉暗刻鱼藻纹罐

高 10.3 厘米　口径 7.7 厘米　足径 10.7 厘米

残损状态：罐身裂为数片，拼合后一侧肩腹有缺肉。

修复情况：以麦漆复位黏合胎体，牙科倒模蜡配合环氧树脂塑形胶补塑缺损，生漆、漆灰、黑漆找平，打磨平滑。在缺肉处满贴装饰锁甲形螺钿片，数道黑漆罩饰后研磨而出，并经揩清推光完成缺肉处的装饰。

再以弁柄漆勾描上纯金粉进行裂痕处的装饰。推光完成后的螺钿饰面，模仿水中鱼鳞的波光效果，以期为原器增色。

元至明早期 霁蓝釉暗刻鱼藻纹罐

罐微敛口,圆肩鼓腹,腹下微收,阔足。罐身暗刻水草、莲荷、游鱼,形成一幅通景鱼藻纹。

外壁挂霁蓝釉,底足内不施釉,烧成后纹饰部位存在多处缩釉痕。亦有可能双勾暗刻纹饰部位原应上青白釉或透明釉而未及上即入窑,导致计划烧制的霁蓝地留白工艺未能成功。

43 ｜ 明早期 霁蓝釉盖罐

高11.6厘米　口径11厘米　足径9.2厘米

罐盖平顶直沿，罐身圆肩鼓腹，下渐收，圈足。

罐盖、罐身外壁皆挂霁蓝釉，底足部位不施釉，器上无款。烧成后器身有较严重缩釉露胎现象。

残损状态：盖及罐体皆断裂为数片，拼合后盖基本完整，罐身有数处缺肉。

修复情况：以麦漆复位黏合胎体，牙科倒模蜡片辅助环氧树脂塑形胶补缺，细漆灰刮填入裂片缝隙及小片缩釉点内初步补平，生漆、黑漆多道打磨找平后，以弁柄漆勾描断片缝隙及补缺部位，贴烧铜箔，以生漆揩涂防止烧铜箔氧化后完成修复。

明早期 霁蓝釉盖罐

44 | 明洪武 釉里红缠枝花卉纹碗

高9.6厘米 口径21.2厘米 足径10厘米

碗撇口，深圆腹，圈足。

内外口沿皆绘釉里红回纹，内底在双圈线内绘釉里红折枝牡丹纹，内腹壁绘缠枝莲纹。外壁绘缠枝菊纹，圈足亦绘回纹一周。底足无款。

残损状态： 碗体基本完整，唯圈足部位有缺肉。

修复情况： 牙科倒模蜡片辅助环氧树脂塑形胶补缺，生漆、漆灰、黑漆多道打磨找平后，以弁柄漆勾描补缺部位后贴烧铜箔，生漆揩涂固箔后完成修复。

明洪武 釉里红缠枝花卉纹碗

45 | 明洪武 釉里红缠枝牡丹纹高足杯

高10.6厘米　口径13厘米　足径4.2厘米

高足杯撇口、深腹，高足部位呈上小下大的筒状，并凸起呈竹节形。

碗内底釉里红双圈内饰一朵折枝牡丹，外壁口沿、腹下各饰双弦纹，外壁围饰釉里红缠枝牡丹纹一周，釉下彩料发色暗红，釉面满布开片裂纹。

残损状态： 整器基本完整，唯口沿部位有两处磕损，无冲线、断片。

修复情况： 以漆灰补塑缺损，生漆、黑漆多道找平，打磨平滑后用弁柄漆勾描补缺部位，待将干时扫上金消粉，生漆揩涂固金完成修复。

明洪武 釉里红缠枝牡丹纹高足杯

46 | 明永乐 青花缠枝花卉纹甘露瓶

高26.5厘米 口径4.3厘米 足径13.7厘米

甘露瓶,也称"藏草瓶",原为藏传佛教陈设专用法器,永乐官窑始烧为瓷器。

此瓶圆唇口,直颈有凸弦纹,丰肩,腹下部渐收,束胫,足部外撇。

瓶口及颈肩部位纹饰带有波斯金银器风格,瓶腹饰青花缠枝花卉纹一周,胫、足部位分饰青花折枝灵芝纹、海水纹、卷草纹等。足底无款。

残损状态: 器身断裂为数个大片,拼合后基本完整,足部有数个缩釉斑,露出胎底。

修复情况: 清理断片破口后,以麦漆进行胎体黏合复位。调和细漆灰刮填入裂隙及缩釉斑处初步补平,上生漆、黑漆多道固灰找平,以弁柄漆勾描裂缝及补缩釉处后上纯金粉,以生漆揩涂固金后完成修复。

修复后原缩釉斑处闪现金彩,如同海波中激起水珠,颇具趣味。

明永乐 青花缠枝花卉纹甘露瓶

47 明永乐 青白釉盘口兽耳长颈瓶

高 27.3 厘米　口径 7.4 厘米　足径 8 厘米

残损状态：瓶身裂为数片，拼合后腹部有较大面积缺损。

修复情况：以麦漆复位黏合胎体，牙科倒模蜡片辅助环氧树脂塑形胶补缺，生漆、漆灰、黑漆多道打磨找平后，以弁柄漆勾描断片缝隙及补缺部位后贴烧铜箔，生漆揩涂固箔后完成修复。

明永乐 青白釉盘口兽耳长颈瓶

瓶盘口，长颈，圆腹如垂胆，圈足为双层圆台式，颈两侧有兽首形耳。瓶口、瓶身及瓶底皆挂青白釉，积釉处显色青翠。瓶身及底皆无款。

48 | 明永乐 鲜红釉留白龙纹僧帽壶

高22.8厘米　口径13.4厘米　足径9厘米

僧帽壶是元代创制的瓷器造型，明清两代仍有沿用，但形态稍有差异。此永乐僧帽壶缺盖，盖身口沿前低后高，鸭嘴形流，束颈、鼓腹、圈足、曲柄。壶内壁及足底皆挂透明釉，壶外壁颈两侧各绘留白龙纹一，整挂鲜红釉后入窑高温烧制，因釉质晕散滴流，龙纹不甚清晰。底足下无款。

残损状态： 断裂为多片，拼合后一侧腹壁有大片缺损。

修复情况： 以麦漆复位黏合胎体，牙科倒模蜡片辅助环氧树脂塑形胶补缺，生漆、漆灰、黑漆多道勾描入补缺及缝隙处并打磨找平后，以弁柄漆勾描断片缝隙及补缺部位，待将干未干时以纯金箔入撒金筒，撒纯金箔碎至描漆部位，以脱脂棉按压固定碎箔，并以生漆揩涂固金后完成修复。

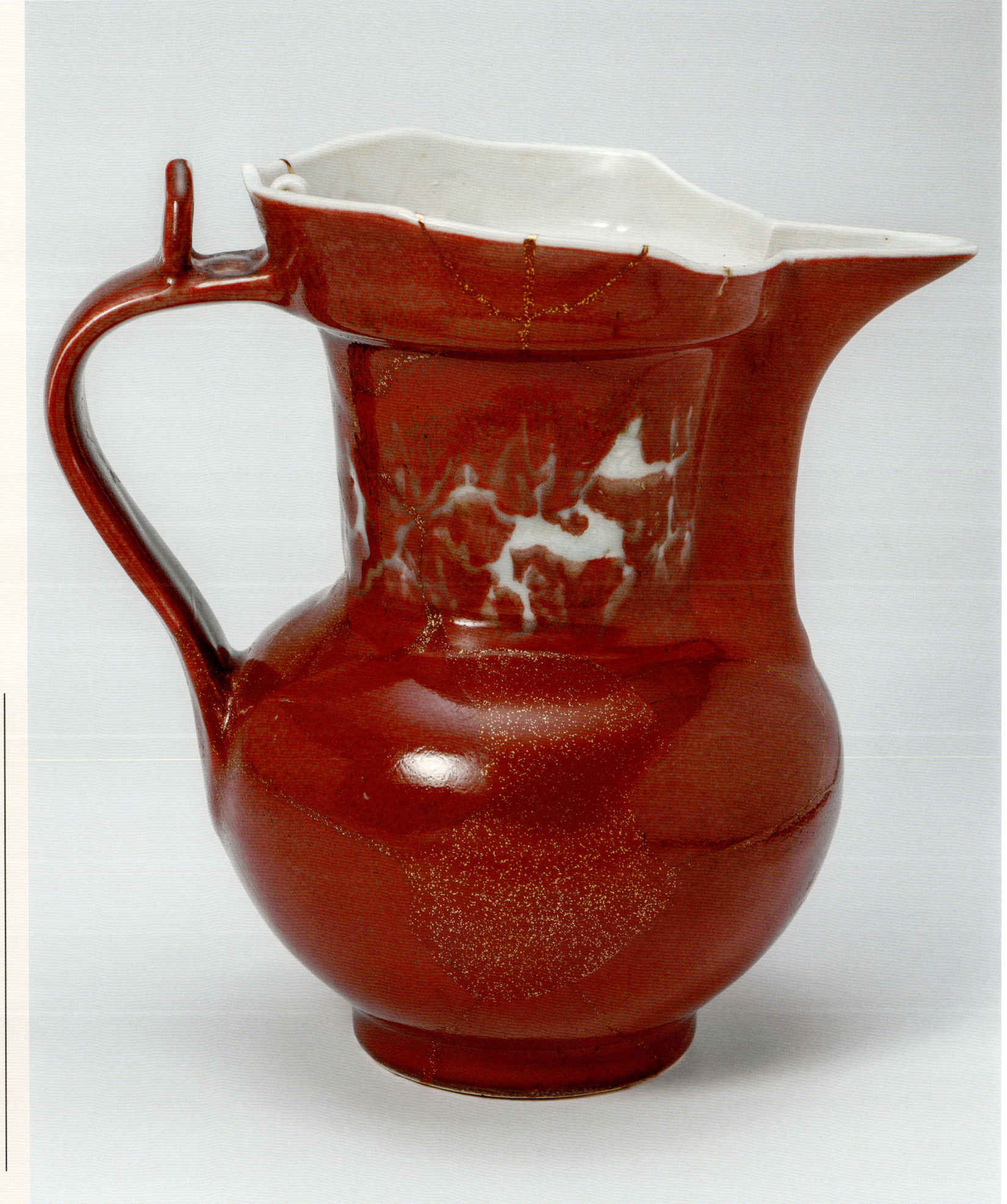

明永乐 鲜红釉留白龙纹僧帽壶

49 明永乐 青花一把莲纹大盘

高 6.4 厘米　口径 30.7 厘米　足径 22 厘米

残损状态：断裂为多片，拼合后外壁有数处釉面崩缺，底足亦有小缺。

修复情况：以麦漆复位黏合胎体，环氧树脂塑形胶捏塑圈足缺肉，细漆灰填缝及崩釉处补平缺损，生漆、黑漆多道填缝找平，打磨平滑后，以弁柄漆勾描断片缝隙及补缺部位，上纯金粉，生漆揩涂固金后完成修复。

明永乐 青花一把莲纹大盘

盘敞口,浅弧壁,坦底,矮圈足。

盘内沿及内壁各绘青花海水纹及缠枝花卉纹一周,盘底绘青花一把莲纹。

外壁口沿、腹壁、腹下分绘青花卷草纹、缠枝花卉纹、回纹各一周。圈足底无款无釉。

50　明永乐 鲜红釉八棱洗

高4.6厘米　口径18.8厘米　足径15厘米

宋人始取蜀葵之形入瓷，或出六棱、八棱、十棱、十二棱，永宣十棱洗为传统葵棱器物中的经典器型。此洗敞口，弧壁，圈足，上下通作葵瓣造型。内外皆挂鲜红釉，入窑高温烧成。

底足挂透明釉，无款。

残损状态：断裂为多片，拼合后底部、腹下有多处缺损或较大裂隙。

修复情况：以麦漆复位黏合胎体，牙科倒模蜡片辅助环氧树脂塑形胶补缺，生漆、漆灰、黑漆多道勾描入补缺及缝隙处并打磨找平后，以弁柄漆勾描断片缝隙及补缺部位上纯金粉，生漆揩涂固金后完成修复。

明永乐 鲜红釉八棱洗

51 | 明宣德 青花宝相花纹抱月瓶

高30厘米　口径3.7厘米　足径7厘米

瓶敛口，蒜头束颈，颈肩之间两侧贴塑绶带如意双耳，瓶身扁圆，两面微鼓，底呈小方足。

瓶口楷书"大明宣德年制"，下绘缠枝花卉纹一周，瓶耳分绘折枝牡丹纹，腹侧绘弦纹两道，瓶腹边沿各以几何纹及卷草纹围饰，腹两面各绘宝相轮花纹一朵。

残损状态：瓶身多处细碎断裂，拼合后缺损较多，修复难度较大。

修复情况：清理破片断口所黏附的灰尘与原黏合的胶剂残留后，以麦漆复位黏合胎体，牙科倒模蜡片辅助环氧树脂塑形胶补缺，反复打磨修整补缺处的形态，达到与原器相适配的状态。

生漆、漆灰、黑漆多道补平，打磨平滑后以弁柄漆勾描各处缺损的纹饰，重复两次以堆起厚度。再以弁柄漆全面勾描裂隙及补缺处，待将干时上纯金粉，补全的纹饰凸显于金面，具有立体感。

明宣德 青花宝相花纹抱月瓶

52 | 明宣德 青花龙纹抱月瓶

高29厘米　口径3.5厘米　足径8.5厘米

瓶敛口，蒜头束颈，颈肩之间两侧贴塑绶带如意双耳，瓶身扁圆，两面微鼓，底呈椭圆圈足。瓶口上下分饰青花几何纹饰及卷草纹一周，其间楷书"大明宣德年制"，瓶腹两面分饰青花三爪龙纹，间饰火珠、云纹、海水江崖。

残损状态： 瓶身多处断裂，拼合后一面瓶腹缺损较多。

修复情况： 清理破片断口所黏附的灰尘与原黏合的胶剂残留后，以麦漆复位黏合胎体，牙科倒模蜡片辅助环氧树脂塑形胶补缺，反复打磨修整补缺处的形态，达到与原器相适配的状态。

以弁柄漆勾描裂隙及补缺处，待将干时上纯金粉，生漆揩涂固金后完成修复。

明宣德 青花龙纹抱月瓶

53 | 明宣德 青花折枝灵芝纹石榴尊

高18.5厘米　口径6.2厘米　足径9.8厘米

尊体呈六瓣瓜棱形，敞口，折沿略下垂，粗颈，丰肩鼓腹，高圈足外撇。

外壁满饰青花纹饰，口沿、肩部皆饰莲瓣纹，颈饰圈点纹，腹壁饰折枝灵芝纹，腹下及圈足分饰仰覆莲瓣纹。底及器身皆无款。

残损状态： 断裂为数片，拼合后圈足底部有缺肉，腹部接缝处有崩釉。

修复情况： 以麦漆进行胎体黏合复位，牙科倒模蜡片辅助环氧树脂塑形胶补缺。调和细漆灰刮填入裂隙及崩釉处初步补平，上生漆、黑漆多道找平，以弁柄漆勾描裂缝及补肉处后上纯金粉，以生漆揩涂固金后完成修复。

明宣德 青花折枝灵芝纹石榴尊

54 | 明宣德 青花缠枝莲托八宝纹罐

高13.4厘米　口径9.2厘米　足径10厘米

罐直口丰肩,深弧腹渐下收,玉璧形底。口沿绘青花弦纹及小圈点一周,肩及腹底绘仰覆莲纹各一周,罐腹绘缠枝莲托八宝纹,为典型佛教纹饰。

罐底青花双圈内楷书"大明宣德年制"款。

残损状态：断裂为数个大片,拼合后局部有小缺。

修复情况：以麦漆复位黏合胎体,牙科倒模蜡片辅助环氧树脂塑形胶补缺,生漆、漆灰、黑漆多道填描入缝隙处并打磨找平后,以弁柄漆勾描断片缝隙及补缺部位上纯金粉,生漆揩涂固金后完成修复。

明宣德 青花缠枝莲托八宝纹罐

55 | 明宣德 青花留白八宝缠枝莲纹小罐

高13.4厘米　口径6.6厘米　足径9.5厘米

罐以模印工艺作八出葵瓣形结体。罐口微敛，圆肩鼓腹，下有圈足。全部纹饰以青花留白工艺绘出，罐口饰两道青花弦纹，肩及腹下分饰一周仰覆莲瓣纹。腹壁饰八宝缠枝莲纹，于法轮纹饰一侧上端横书"大明宣德年制"楷款。罐底足未施釉。

残损状态： 断裂为数片，拼合后多个局部有小缺。

修复情况： 以麦漆复位黏合胎体，牙科倒模蜡片辅助环氧树脂塑形胶补缺，因形态复杂，经多次修形始成。其后生漆、漆灰、黑漆多道补平，打磨找平后，以弃柄漆勾描破片缝隙及补缺块面后上纯金粉，生漆揩涂固金后完成修复。

明宣德 青花留白八宝缠枝莲纹小罐

56 明宣德 青花缠枝莲纹小罐

高 7.1 厘米　口径 4.3 厘米　足径 5.2 厘米

残损状态：断裂为数片，拼合后圈足处有小缺。

修复情况：以麦漆复位黏合胎体，细漆灰填缝初步补平缺损后，生漆、黑漆多道填描入缝隙处并打磨找平，以弁柄漆勾描断片缝隙及补缺部位上纯金粉，生漆揩涂固金后完成修复。

明宣德 青花缠枝莲纹小罐

罐直口，深圆腹，底有圈足。口沿及腹底绘青花弦纹一道，罐肩及腹下绘仰覆莲纹各一道，腹壁绘青花缠枝莲纹。

底部双圈栏内楷书："大明宣德年制"。

57 | 明宣德 青花瓜瓞纹小罐

高6.8厘米　口径4.7厘米　足径5.7厘米

小罐微敛口，圆肩，深腹渐敛，底有圈足，以模印成型的方式塑为八出瓜棱形。

罐腹绘青花瓜瓞纹一周，底部双圈栏内楷书："大明宣德年制"。

残损状态： 断裂为数片，拼合后一侧腹下至足底有大的缺肉。

修复情况： 以麦漆复位黏合胎体，牙科倒模蜡片辅助环氧树脂塑形胶补缺，因形态复杂，经多次修形始成。其后生漆、漆灰、黑漆多道补平，打磨平滑后，以弁柄漆勾描破片缝隙及补缺块面后上纯金粉，生漆揩涂固金后完成修复。

明宣德 青花瓜瓞纹小罐

58 | 明宣德 青花花卉纹鸟食罐

高4.3厘米　口径9.8厘米　足径4厘米

鸟食罐作竹节形结体，上挖二弧形口，中部有隔，两端微凸，一侧有两环状穿系孔。

罐体满饰青花缠枝灵芝纹，一侧在纹饰间横向书写"大明宣德年制"款。两端各模印微凸的葵瓣花一朵，并以青花染饰。

残损状态：断裂为数片，拼合后基本完整。原器上有多处明显"缩釉"窑病，缩釉处青花显色黑褐。

修复情况：以麦漆复位黏合胎体，细漆灰填缝初步补平裂隙缺损后，生漆、黑漆多道填描入缝隙处并打磨找平，以弁柄漆勾描断片缝隙部位并上纯金粉，生漆揩涂固金后完成修复。

明宣德 青花花卉纹鸟食罐

59 | 明宣德 青花穿花凤纹梨形壶

高14.3厘米　口径4厘米　足径6厘米

壶盖拱顶，塔尖钮，壶身矮颈，圆垂腹，弯流，曲扳，盖侧与颈侧各置一穿，下有外撇圈足。因腹似梨形而得名。盖顶绘青花缠枝莲纹，流与扳皆饰青花卷草纹，壶腹两侧分饰青花穿花凤纹，分别做抬头、回首姿态，圈足亦饰一周青花卷草。

足底青花双圈栏内楷书："大明宣德年制"。

残损状态： 裂为数片，拼合后有小片釉面缺损。

修复情况： 以麦漆复位黏合胎体，细漆灰填缝初步补平裂隙缺损后，生漆、黑漆多道填描入缝隙处并打磨找平，以弃柄漆勾描断片缝隙及补缺部位上纯金粉，生漆揩涂固金后完成修复。

明宣德 青花穿花凤纹梨形壶

60 明宣德 青花双凤纹盘

高 4.1 厘米

口径 17.9 厘米

足径 10.8 厘米

残损状态：裂为数片，拼合后盘底裂隙较大。

修复情况：以麦漆复位黏合胎体，细漆灰填缝初步补平裂隙缺损后，生漆、黑漆多道填描入缝隙处并打磨找平，以弁柄漆勾描断片缝隙及补缺部位上纯金粉，生漆揩涂固金后完成修复。

明宣德 青花双凤纹盘

盘撇口，浅弧腹，坦底，圈足。盘内口沿绘青花卷草纹一周，内底青花双圈内绘对舞双凤。盘外壁绘青花双凤，间饰缠枝莲。

足底青花双圈栏内楷书："大明宣德年制"。

61 | 明宣德 紫金釉高足碗

高10.1厘米　口径15厘米　足径4.5厘米

紫金釉又称柿红釉、酱釉，宋代始烧，属高温颜色釉。宣德紫金釉釉色稳定，是同时期单色釉中的重要品种。此高足碗撇口深腹，高圈足下部微撇。内外壁及圈足整体挂紫金釉，胎体较薄，釉面光洁匀净。

圈足内壁挂透明釉，青花楷书："大明宣德年制"。

残损状态：裂为数片，拼合后腹下有小片缺损。

修复情况：以麦漆复位黏合胎体，细漆灰补填缺损及裂隙后，生漆、黑漆多道填描并打磨找平，以弁柄漆勾描断片缝隙及补缺部位上纯金粉，生漆揩涂固金后完成修复。

明宣德 紫金釉高足碗

62 | 明宣德 青花折枝花果纹葵口斗笠碗

高8.5厘米　口径21.5厘米　足径7.1厘米

斗笠碗，因倒扣时形似斗笠而得名。本件斗笠碗敞口、斜壁、小圈足。碗口葵瓣六出，胎薄而质坚。通体青花纹饰，碗心内绘折枝桃纹，内壁绘折枝莲三株，间以牡丹、菊花、月季各一株。外壁纹饰两层，上层饰葡萄、石榴等时令果实，下层饰折枝菊花、茶花等花卉。

底部青花双圈栏内"大明宣德年制"六字双行楷书款。

碗外壁因烧造时窑内环境影响，有较明显的串烟痕，导致碗一侧发色略灰。

残损状态：碗口沿部位有两片较大的缺损。

修复情况：以牙科倒模蜡片辅助环氧树脂塑形胶补塑缺失部位，续以漆灰刮填初步找平，经生漆、黑漆多道找平补缺处，并打磨平滑。再以弁柄漆勾描图案缺损的部分，待干后再复描两遍，使图案堆起一定的高度。另以弁柄漆整体涂饰断片补缺部位后上纯金粉，修复后的补描图案在金面上浮凸隐起，别具匠心韵味。

明宣德 青花折枝花果纹葵口斗笠碗

63 | 明宣德 青花海水龙纹金钟碗

高11厘米　口径15.4厘米　足径7.6厘米

碗撇口，弧腹深垂如仰钟，下有圈足。内外口沿分饰弦纹两道，外壁口沿下再饰回纹一道，腹壁以青花淡彩海水纹为地，饰青花龙纹八，分作上下两层绘制。

足底青花双圈栏内楷书："大明宣德年制"。

残损状态：裂为数片，拼合后有两处缺肉。

修复情况：以麦漆复位黏合胎体，牙科倒模蜡片辅助环氧树脂塑形胶补缺，生漆、漆灰、黑漆多道打磨找平后，以弁柄漆勾描断片缝隙及补缺部位后上纯金粉，生漆揩涂固金后完成修复。

明宣德 青花海水龙纹金钟碗

64 | 明宣德 黄釉暗刻龙纹碗

高8.1厘米　口径16.1厘米　足径5.2厘米

碗敞口微敛，深弧腹，圈足，胎壁较薄。碗内壁光素无纹，外壁在素胎上阴刻五爪龙纹二，间以云纹，下饰仰莲。内外壁皆挂黄釉烧成。

足底挂透明釉，青花双圈栏内楷书："大明宣德年制"。

残损状态：碗壁一侧受力破损为数片，拼合后基本完整，仅口沿有小缺。

修复情况：以麦漆复位黏合胎体，细漆灰填缝初步补平缺损后，生漆、黑漆多道填描入缝隙处并打磨找平，以弁柄漆勾描断片缝隙及补缺部位上纯金粉，生漆揩涂固金后完成修复。

明宣德 黄釉暗刻龙纹碗

65 | 明宣德 霁蓝釉暗刻穿花凤纹碗

高9.1厘米　口径20.4厘米　足径8.8厘米

霁蓝釉为中国陶瓷名品，属高温下一次烧成的石灰碱釉，呈色较稳定，其釉色色泽匀净，蓝如深海。碗撇口，深弧腹，圈足。釉下暗刻纹饰，内外口沿饰弦纹两道，碗底双圈内刻折枝莲纹一朵，碗壁穿花凤纹二，腹下饰仰莲纹一周。刻绘纹饰后内外满挂霁蓝釉后烧成。

碗底挂透明釉，青花双圈内楷书"大明宣德年制"款。

残损状态：碗于烧制过程中内外壁出现多处"胎泡"窑病。碎裂为数片，拼合后口沿及碗底有两处缺肉。

修复情况：以麦漆复位黏合胎体，牙科倒模蜡片辅助环氧树脂塑形胶补缺，生漆、漆灰、黑漆多道填描入缝隙及补缺处并打磨找平后，以弁柄漆勾描碗内底缺肉处图案，重复两次堆起厚度，再以弁柄漆全面勾描补缝及补缺部位，待将干时上纯金粉，生漆揩涂固金后完成修复。

明宣德 霁蓝釉暗刻穿花凤纹碗

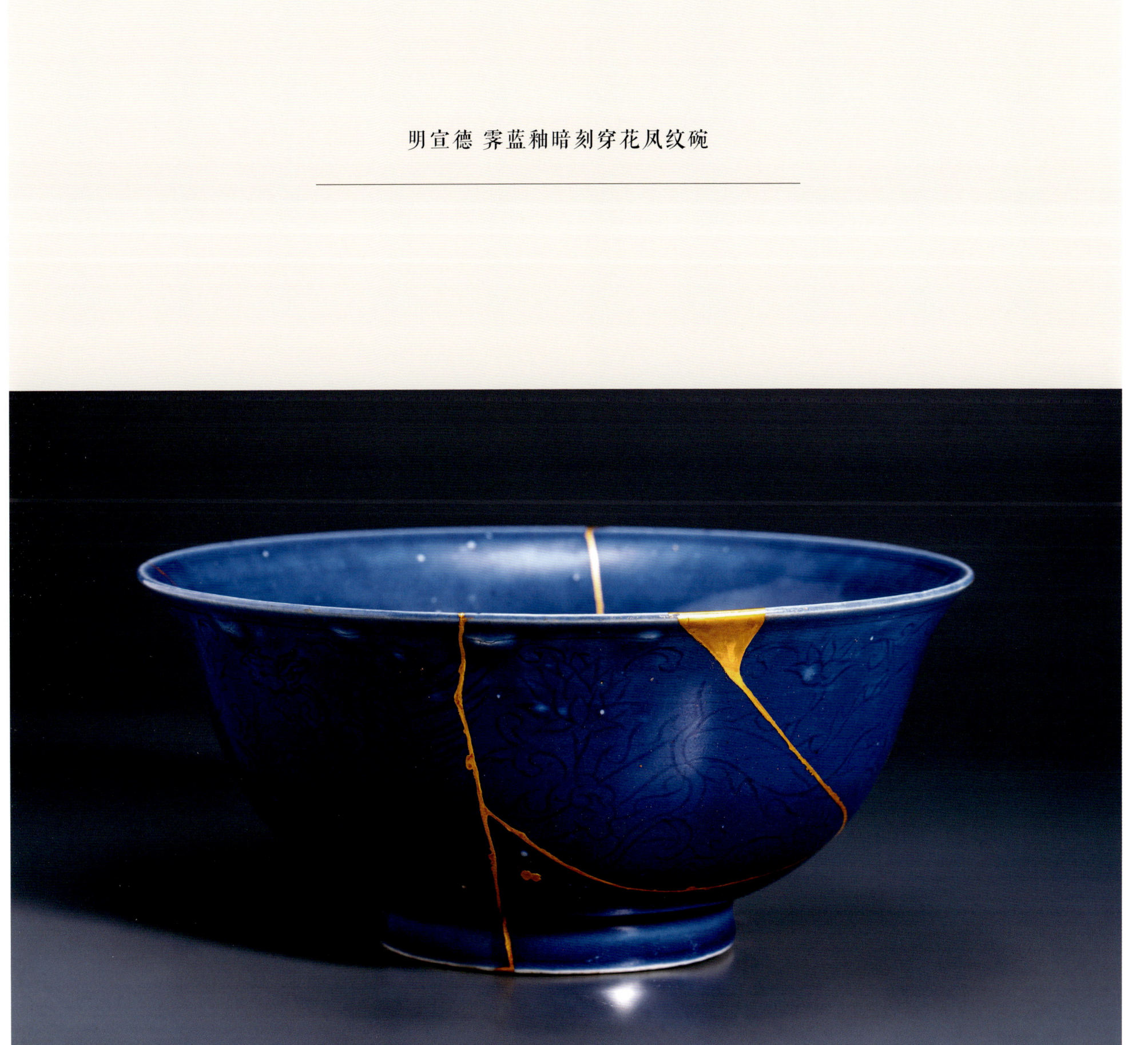

66 | 明宣德 青花海兽纹高足杯

高7.6厘米　口径8.4厘米　足径4.4厘米

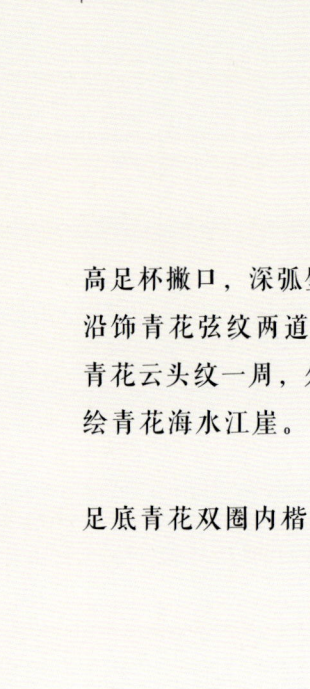

高足杯撇口，深弧壁，高圈足外撇，中部起节，足圈下封底。内口沿饰青花弦纹两道，内壁及底书青花梵文种子字九个。外口沿饰青花云头纹一周，外壁绘青花海兽四，并以青花海水纹为地，圈足绘青花海水江崖。

足底青花双圈内楷书："大明宣德年制"。

残损状态：杯体裂为数片，拼合后腹底有小缺。

修复情况：以麦漆复位黏合胎体，调制漆灰补缺，生漆、漆灰、黑漆多道填描并打磨找平后，以弁柄漆勾描断片缝隙及补缺部位上纯金粉，生漆揩涂固金后完成修复。

明宣德 青花海兽纹高足杯

67 | 明宣德 青花缠枝花卉纹杯

高5.5厘米　口径10厘米　足径4厘米

杯撇口，圆弧腹，圈足。杯内底青花双圈内绘折枝四瓣花一朵，内外口沿各绘弦纹一周，外壁口沿下绘如意云纹，腹壁绘缠枝花卉纹，腹下绘勾连卷叶纹。

足底青花双圈栏内楷书："大明宣德年制"。

残损状态：断裂为数片，拼合后基本完整。

修复情况：以麦漆复位黏合胎体，调细漆灰刮填入缝隙初步补平，生漆、黑漆多道找平，打磨平滑后，以弁柄漆勾描断片缝隙并上纯金粉，生漆揩涂固金后完成修复。

明宣德 青花缠枝花卉纹杯

68 | 明成化 青花绿彩蔓草纹荸荠瓶

高19.8厘米　口径5.1厘米　足径8.7厘米

瓶唇口，长直颈，坡肩，扁圆腹，圈足，因腹部形似荸荠而得名。唇口下及圈足上端各绘一道青花弦纹。

瓶颈及瓶腹以青花双勾满布的蔓草纹，烧成后以绿彩填绘加饰。

足底双方栏内青花楷书："大明成化年制"。

残损状态：全器裂为数个大片，拼合后全器基本完整，腹下裂隙处有小缺。

修复情况：以麦漆复位黏合胎体，调制漆灰补缺，生漆、漆灰、黑漆多道填描入缝隙处并打磨找平后，以弁柄漆勾描断片缝隙及补缺部位上纯金粉，生漆揩涂固金后完成修复。

明成化 青花绿彩蔓草纹荸荠瓶

69 | 明成化 青釉兽耳荸荠瓶

高24.2厘米　口径8.4厘米　足径9.9厘米

瓶撇口，长颈，扁圆腹，圈足，颈下两侧各贴塑兽口衔环耳。瓶口、瓶身及底皆挂青釉，釉面润泽有细纹开片。胎体较厚，断面为灰色胎，足底露胎处显火石红。

足底双方栏内青花楷书："大明成化年制"。

残损状态：瓶身裂为数片，拼合后腹部及底部圈足有较大面积缺损。

修复情况：以麦漆复位黏合胎体，牙科倒模蜡片辅助环氧树脂塑形胶补缺，生漆、漆灰、黑漆多道打磨找平后，以弁柄漆勾描断片缝隙及补缺部位后贴烧铜箔，生漆揩涂固箔后完成修复。

明成化 青釉兽耳荸荠瓶

70 明成化 青釉荸荠瓶

高21.5厘米　口径6.6厘米　足径7.6厘米

瓶型长颈撇口，扁圆腹，圈足。瓶口、瓶身及底皆挂青釉，类元明龙泉釉色，釉面润泽有细纹开片。胎体较厚，断裂处为浅灰色胎，足底露胎处显火石红。足底双方栏内青花楷书："大明成化年制"。

残损状态：瓶身裂为数片，拼合后有数处小缺损。

修复情况：以麦漆复位黏合胎体，牙科倒模蜡片辅助环氧树脂塑形胶补缺，生漆、漆灰、黑漆多道打磨找平后，以弁柄漆勾描断片缝隙及补缺部位后上纯金粉，生漆揩涂固金后完成修复。

明成化 青釉荸薺瓶

71 | 明成化 青釉出戟尊（成对）

高21.5厘米　口径10.9厘米　足径8.6厘米

出戟尊造型来自先秦青铜器，在宋代礼器复古风潮下成为青瓷的经典造型之一。敞口，腹微鼓，足外撇，腹、胫的四周各饰一戟。

本例出戟尊为成化时期仿宋官窑器，胎体青灰，釉质肥润，玉质感较强，有细纹开片，口沿釉薄处显褐红色，足圈露胎处为深褐"铁足"。

足底双方栏内青花楷书："大明成化年制"。

残损状态：尊体裂为数片，拼合后颈、腹、胫有多处缺损，修复难度较大。

修复情况：以牙科倒模蜡片辅助环氧树脂塑形胶分多次补颈、腹、胫处缺肉，后以麦漆复位黏合胎体。生漆、漆灰、黑漆多道打磨找平后，以弁柄漆勾描断片缝隙及补缺部位后上纯金粉，生漆揩涂固金后完成修复。

明成化 青釉出戟尊（成对）

72 | 明成化 青釉小出戟尊（成对）

高15.2厘米　口径6.3厘米　足径6厘米

敞口，腹微鼓，足外撇，腹、胫四周各饰一戟。本例小出戟尊为成化时期仿宋龙泉窑器，断口处灰胎，釉质碧青肥润，玉质感极强，满布较大开片，足圈露胎处为火石红色。

足底双方栏内青花楷书："大明成化年制"。

残损状态：一器于颈腹连接处断开，一器于颈部断裂为多片，拼合后有小的缺肉。

修复情况：以麦漆复位黏合胎体，牙科倒模蜡片辅助环氧树脂塑形胶补缺，生漆、漆灰、黑漆多道打磨找平后，以弁柄漆勾描断片缝隙及补缺部位后上纯金粉，生漆揩涂固金后完成修复。

明成化 青釉小出戟尊（成对）

73 | 明成化 青釉八棱小瓶

高18.5厘米　口径7厘米　足径5.4厘米

小瓶细长颈，撇口，弧腹，外撇高圈足，全器上下皆作八棱造型。器身、口沿及足底皆挂青釉，釉色灰青，内有细纹开片，釉质肥润，有较强的玉质感，略近于明龙泉窑。足圈底呈火石红色，胎体断裂处为浅灰色胎体。

足底青花双方栏内楷书"大明成化年制"款。

残损状态：瓶身裂为数片，拼合后颈部及口沿有小缺。

修复情况：以麦漆复位黏合胎体，牙科倒模蜡片辅助环氧树脂塑形胶补缺，生漆、漆灰、黑漆多道打磨找平后，以弁柄漆勾描断片缝隙及补缺部位后上纯金粉，生漆揩涂固金后完成修复。

明成化青釉八棱小瓶

74 | 明成化 青釉瓜棱小扁瓶（成对）

高15.7厘米　口径7.3厘米　足径5.4厘米

小瓶撇口、细颈、鼓腹、外撇圈足，全器上下以模具塑为瓜棱形，截面扁方。瓶身满挂青釉，布满均匀的细开片，胎厚釉润，棱弧积釉处色深。足圈底呈火石红色，胎体断裂处为浅灰色胎体。

足底青花双方栏内楷书"大明成化年制"款。

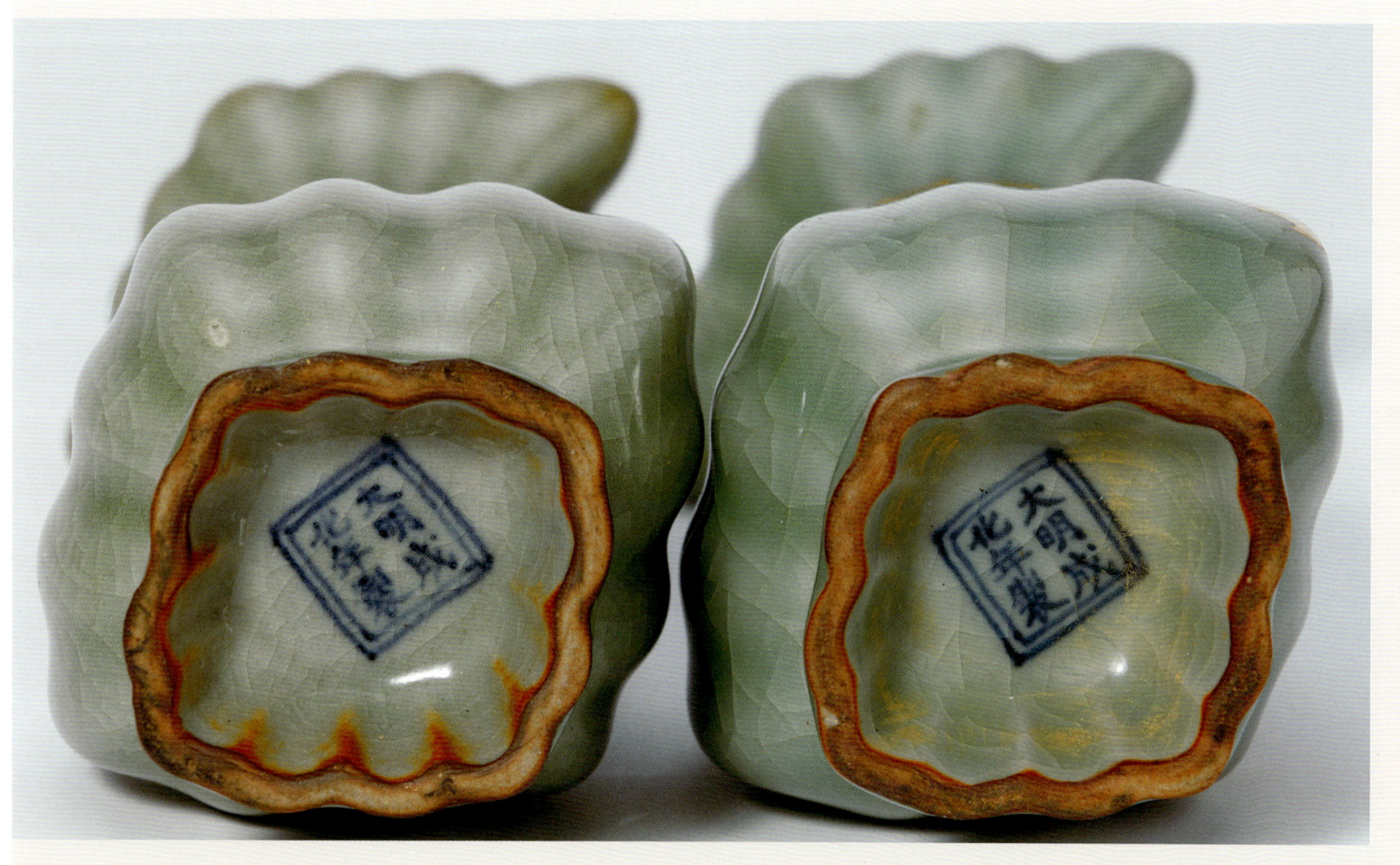

残损状态：瓶身裂为数片，拼合后器身有小缺。

修复情况：以麦漆复位黏合胎体，调制漆灰补缺，生漆、漆灰、黑漆多道打磨找平后，以弁柄漆勾描断片缝隙及补缺部位后上纯金粉，生漆揩涂固金后完成修复。

明成化 青釉瓜棱小扁瓶（成对）

75 | 明成化 青釉瓜棱小瓶

高16.7厘米　口径6.2厘米　足径6厘米

小瓶撇口、细颈、鼓腹、外撇圈足，全器上下以模具塑为瓜棱形。瓶身挂满挂青釉，布满均匀的开片，胎厚釉润，棱弧积釉处色深。足圈底呈火石红色，胎体断裂处为浅灰色胎体。

足底青花双方栏内楷书"大明成化年制"款。

残损状态：瓶身裂为数片，拼合后基本完整。

修复情况：以麦漆复位黏合胎体，调制漆灰刮填补平裂口缝隙，生漆、黑漆多道打磨找平后，以弁柄漆勾描断片缝隙后上纯金粉，生漆揩涂固金后完成修复。

明成化 青釉瓜棱小瓶

76 | 明成化 青花天马纹天字罐

高11.5厘米　口径6.5厘米　足径7.7厘米

此天字罐本为斗彩工艺的半成品，在以青花勾勒蕉叶、海水、飞马、祥云等纹饰后入窑烧制，因出现局部缩釉、窑粘等窑病，因此保留原始状态未再加彩烧制。

残损状态：一侧罐身及颈部有大小不等的缩釉斑，另一侧因窑粘导致器体变形及大片缺损。

修复情况：观察器身状态，决定保持缩釉斑原状，修复方案以恢复形态及纹饰为主。

以牙科倒模蜡片辅助环氧树脂塑形胶补缺，生漆、漆灰、黑漆多道打磨找平后，以弁柄漆勾描缺肉部位的飞马纹和云纹，重复两遍堆起一定的厚度，再于此缺肉部位整体勾描弁柄漆后上纯金粉，使缺失的纹样在金色中得以凸显，生漆揩涂固金后完成修复。

明成化 青花天马纹天字罐

77 | 明成化 青花海水龙纹盖罐

高13厘米　口径7厘米　足径7厘米

罐盖拱顶平沿，有圆钮，颈口微敛，平肩鼓腹，圈足。盖顶绘青花海水纹，盖沿绘青花双弦纹。罐肩绘勾卷花叶纹一周，罐腹绘青花海水云龙。

罐底双圈栏内青花楷书："大明成化年制"。

残损状态：盖钮及盖沿断裂，罐身破裂为数片，拼合后腹部有三片缺肉。

修复情况：以麦漆复位黏合胎体，牙科倒模蜡片辅助环氧树脂塑形胶补缺，生漆、漆灰、黑漆多道打磨找平后，以弁柄漆勾描断片缝隙及补缺部位后贴烧铜箔，生漆搭涂固箔后完成修复。

明成化 青花海水龙纹盖罐

78 | 明成化 青花瓜瓞纹小盖罐

高11厘米　口径4.1厘米　足径4.5厘米

罐盖拱顶有圆钮，罐颈口微敛，斜肩鼓腹，下有圈足。盖顶绘青花十字如意云头，其间绘小折枝花。罐颈及足部绘青花弦纹一道，肩及腹下分绘海水纹一周，腹壁绘主体纹饰折枝瓜瓞纹四组。

罐底双圈栏内青花楷书："大明成化年制"。

残损状态：盖钮断裂，罐身破裂为数片，拼合后腹部有小片缺肉。

修复情况：以麦漆复位黏合胎体，牙科倒模蜡片辅助环氧树脂塑形胶补缺，生漆、漆灰、黑漆多道打磨找平后，以弁柄漆勾描断片缝隙及补缺部位，待将干时上纯金粉，生漆揩涂固金后完成修复。

明 成化 青花瓜瓞纹小盖罐

79 | 明成化 斗彩缠枝莲托八宝纹天字罐

高12.8厘米　口径6.5厘米　足径9厘米

天字罐属成化官窑名品，大小不一，胎薄，敛口短颈，肩圆腹收，底带圈足，底书青花"天"字，因此得名。

此例八宝莲纹天字罐釉面油润肥厚，青花料为典型平等青料。盖顶绘青花牡丹纹，罐身肩部、足部绘青花仰覆莲瓣，罐腹绘青花斗彩缠枝莲托八宝纹。

底书青花"天"字款。

残损状态： 盖及罐身摔裂为多片断片，拼合后局部现小缺。

修复情况： 以麦漆复位黏合胎体，以漆灰多道补缺并打磨平整，生漆、黑漆多道打磨找平后，以弁柄漆勾描断片缝隙及补缺部位上纯金粉，生漆揩涂固金后完成修复。

明成化 斗彩缠枝莲托八宝纹天字罐

80 | 明成化 斗彩缠枝莲托八宝纹天字罐

高9.6厘米　口径5.9厘米　足径7.9厘米

罐盖平顶，中心绘斗彩折枝灵芝纹一朵，并围饰一周五瓣小花，盖侧饰青花卷草纹一周。罐肩、罐底绘上下呼应的青花仰覆莲纹，罐腹绘青花斗彩八宝缠枝莲纹。

彩料配色素雅，纹饰描绘精工。底书青花楷书"天"字款。

残损状态： 盖及罐身断裂为多个断片，拼合后局部现小缺损。

修复情况： 断口清洁处理后，以麦漆进行胎体黏合复位，并以牙科倒模蜡片辅助环氧树脂塑形胶补塑缺失部位，调制细漆灰刮填断口缝隙和补缺部位初步找平，再经多道生漆、黑漆找平断口和补缺处，打磨平滑后，以弁柄漆勾描，等将干未干时扫纯金粉，待干后擦拭生漆固粉。

明成化 斗彩缠枝莲托八宝纹天字罐

81 | 明成化 斗彩缠枝莲纹天字罐

高10.3厘米　口径5.4厘米　足径7.1厘米

盖平顶，中央青花勾绘团莲一朵，上敷红彩，外环青花双线，盖边饰青花卷枝纹一周。罐肩罐底绘上下呼应的青花仰覆莲纹，罐腹绘主题纹饰青花斗彩缠枝莲纹。罐顶边缘及足圈下沿各绘一道黄线。

底书青花"天"字款。

残损状态： 盖顶完整无损，罐身裂为几片，基本无缺，器身有较明显土沁。

修复情况： 以麦漆复位黏合胎体，以漆灰多道填缝补小缺并打磨平整，生漆、黑漆多道打磨找平后，以弁柄漆勾描断片缝隙及补缺部位上纯金粉，生漆揩涂固金后完成修复。

明成化 斗彩缠枝莲纹天字罐

82 | 明成化 斗彩缠枝莲纹天字罐

高8.9厘米　口径5.9厘米　足径8厘米

天字罐无盖，罐颈部绘双线，肩、足分绘仰覆莲纹，腹壁缠枝莲，青花绘莲花，花枝以青花勾线填绘绿彩。

底书青花"天"字款。

残损状态： 罐身裂为几片，有一处小缺损。

修复情况： 以麦漆复位黏合胎体，牙科倒模蜡片辅助环氧树脂塑形胶补缺，生漆、漆灰、黑漆多道打磨找平后，以弁柄漆勾描断片缝隙及补缺部位上纯金粉，生漆揩涂固金后完成修复。

明成化 斗彩缠枝莲纹天字罐

83 | 明成化 斗彩海象纹天字罐

高11.8厘米　口径6.4厘米　足径9.2厘米

罐肩及足部分绘上下呼应的斗彩仰覆莲瓣纹，罐腹绘主体纹饰青花斗彩海象纹及云纹、海波。

底书青花"天"字款。

残损状态：罐盖及罐身分别裂为两大片，拼合后基本完整。

修复情况：以麦漆复位黏合胎体，以赤雾粉调漆灰补敏填缝，生漆、黑漆多道打磨找平后，以弁柄漆勾描断片缝隙部位，待将干未干时上纯金粉，生漆揩涂固金后完成修复。

明成化 斗彩海象纹天字罐

84 | 明成化 斗彩麒麟纹天字罐

高11.8厘米　口径6厘米　足径6.4厘米

盖平顶，顶绘斗彩麒麟纹，侧沿绘斗彩海水纹。罐肩及足部分绘仰覆莲纹，罐腹绘斗彩麒麟纹及海水、海浪。

底书青花"天"字款。

残损状态：罐盖及罐身分别裂为多片，拼合后有小片缺肉。

修复情况：以麦漆复位黏合胎体，调制漆灰补缺，生漆、漆灰、黑漆多道打磨找平后，以弁柄漆勾描断片缝隙及补缺部位上纯金粉，生漆揩涂固金后完成修复。

明成化 斗彩麒麟纹天字罐

85 | 明成化 斗彩应龙纹天字罐

高10厘米　口径5.6厘米　足径7.9厘米

盖为平顶，顶面绘一青花应龙，侧沿绘青花绿彩云纹。肩与腹下各绘一道青花填红彩仰覆莲瓣纹，腹壁绘两条青花应龙，以青花绿彩云纹间饰。

底书青花"天"字款。

残损状态： 罐盖及罐身分别裂为多片，拼合后基本无缺肉。

修复情况： 以麦漆复位黏合胎体，调制细漆灰刮填入裂隙填缝补平，生漆、漆灰、黑漆多道打磨找平后，以弁柄漆勾描断片缝隙及补缺部位上纯金粉，生漆揩涂固金后完成修复。

明成化 斗彩应龙纹天字罐

86 | 明成化 瓜瓞螭龙纹天字罐

高12.4厘米　口径8.9厘米　足径11厘米

天字罐无盖，罐颈侧及颈下各绘黄彩弦纹一道，肩、腹下分绘青花斗红彩仰覆莲纹，腹壁绘斗彩瓜瓞纹，两条青花螭龙穿行其间。底书青花"天"字款。

瓜瓞主题与求子祈愿相关，为此时期官窑较为多见的主题。

残损状态： 罐身一侧裂为数片，拼合后无大的缺肉。

修复情况： 以麦漆复位黏合胎体，调制细漆灰刮填入裂隙填缝补平，生漆、漆灰、黑漆多道打磨找平后，以弁柄漆勾描断片缝隙及补缺部位上纯金粉，生漆揩涂固金。

明成化 瓜瓞螭龙纹天字罐

87 | 明成化 斗彩天马纹天字罐

高10.9厘米　口径5.7厘米　足径7.2厘米

盖顶绘青花斗红彩飞马，青花渲染波涛纹为地。肩及腹下各一周青花填黄彩蕉叶纹，罐腹绘四飞马，一斗红彩、一斗黄彩、二青花，青花如意云纹补间，足踏斗绿彩海波。

底书青花"天"字款。

残损状态： 罐盖及罐身分别裂为多片，拼合后有小片缺肉。

修复情况： 以麦漆复位黏合胎体，牙科倒模蜡片辅助环氧树脂塑形胶补缺，生漆、漆灰、黑漆多道打磨找平后，以弁柄漆勾描断片缝隙及补缺部位上纯金粉，生漆揩涂固金后完成修复。

明成化 斗彩天马纹天字罐

88 | 明成化 青釉盖罐（成对）

高14.5厘米　口径5.8厘米　足径7.4厘米

罐盖拱顶桃尖钮，罐口略敛，弧肩敛腹，下有圈足。盖及罐身皆满挂青釉，发色略似永乐翠青，积釉处色泽浓翠。

圈足底双圈栏内青花楷书："大明成化年制"。

残损状态：罐盖及罐身皆裂为数片，拼合后有多处小缺损。

修复情况：以麦漆复位黏合胎体，牙科倒模蜡片辅助环氧树脂塑形胶补缺，生漆、漆灰、黑漆多道打磨找平后，以弁柄漆勾描断片缝隙及补缺部位上纯金粉，生漆揩涂固金后完成修复。

明成化 青釉盖罐（成对）

89 | 明成化 斗彩草虫花卉纹圆盖盒

高8.2厘米　口径14厘米　足径9厘米

盖盒平顶、弧边、直腹，盖与身形制相应，下有矮圈足。盖顶绘青花斗彩山石、草虫、花卉等，盖侧弧边与盒下腹亦绘有一圈斗彩草虫花卉。中部以青花绘六瓣小花，散点错落于盖盒的腹壁。

足底双圈栏内青花楷书："大明成化年制"。

残损状态： 盖身皆破裂为数大片，拼合后盒身下部有小片缺肉。

修复情况： 以麦漆复位黏合胎体，牙科倒模蜡片辅助环氧树脂塑形胶补缺，生漆、漆灰、黑漆多道打磨找平后，以弁柄漆勾描断片缝隙及补缺部位后上纯金粉，生漆揩涂固金后完成修复。

明成化 斗彩草虫花卉纹圆盖盒

90 | 明成化 红绿彩灵芝纹香盒

高5.2厘米　口径8.5厘米　足径5.5厘米

红绿彩瓷器在成化窑存世品中极为罕有，此件器物虽为残损仍十足珍贵。香盒拱顶弧腹，造型饱满，下有圈足。盖身皆以红彩为地，上绘绿彩卷枝纹，并于盒顶枝叶间绘一朵绿彩灵芝，色彩清新雅致，别有装饰趣味。

盒底双圈栏内青花楷书："大明成化年制"。

残损状态：盖及盒身分别裂为几片，拼合后基本完整，局部有小缺。

修复情况：以麦漆复位黏合胎体，调制细漆灰刮填入裂隙间填缝补缺，生漆、漆灰、黑漆多道打磨找平后，以弁柄漆勾描断片缝隙及补缺部位后上纯金粉，生漆揩涂固金后完成修复。

明成化 红绿彩灵芝纹香盒

91 | 明成化 素三彩鸭形香熏

高28.5厘米　口径20.5厘米　足径8.8厘米

"素三彩"是景德镇烧制的一种低温釉上彩瓷，器物纹饰以黄、绿、紫彩为主，不用或少用红彩，始于明正德年间。

此例鸭形香熏构思巧妙，上部为盖可以开合燃香，鸭口部位有孔用于出香。鸭眼、鸭羽等部位都用剔刻的工艺雕出肌理细节。鸭足并立于方形小座台上。在香熏的鸭形和座台各相应部位分饰黄、蓝、绿、紫、黑等彩料，层次分明，极有生趣。

座台底部双方栏内青花楷书："大明成化年制"。

残损状态：盖及身、座台分别裂为几片，拼合后基本完整，下部口沿有缺肉。

修复情况：以麦漆复位黏合胎体，牙科倒模蜡片辅助环氧树脂塑形胶补缺，生漆、漆灰、黑漆多道打磨找平后，以弁柄漆勾描断片缝隙及补缺部位后上金，生漆揩涂固金后完成修复。

明成化 素三彩鸭形香熏

92 明成化 青花龙凤纹盘

高 4.5 厘米　口径 24 厘米　足径 15 厘米

残损状态：盘体断裂为数片，拼合圈足处有数处小缺，且原器在烧制时盘底有窑裂。

修复情况：以麦漆复位黏合胎体，牙科倒模蜡片辅助环氧树脂塑形胶补缺，生漆、漆灰、黑漆多道打磨找平后，以弁柄漆勾描断片缝隙及补缺部位上纯金粉，生漆揩涂固金后完成修复。

明成化 青花龙凤纹盘

盘敛口弧腹，平底，圈足下敛。内沿绘青花回纹一周，盘面青花双圈内，绘青花龙凤相对而舞。盘外沿及腹底绘青花弦纹一道，盘腹绘一龙一凤，间以云纹。圈足绘青花弦纹两道。

足底双圈栏内青花楷书："大明成化年制"。

93 明成化 青花内十字杵外夔龙纹盘

高 3.2 厘米　口径 16 厘米　足径 9.4 厘米

残损状态： 盘体断裂为数片，拼合后圈足处有缺肉。

修复情况： 以麦漆复位黏合胎体，牙科倒模蜡片辅助环氧树脂塑形胶塑出缺失的足墙形态，生漆、漆灰、黑漆多道打磨找平后，以弁柄漆勾描断片缝隙及补缺部位后上纯金粉，生漆揩涂固金后完成修复。

明成化 青花内十字杵外夔龙纹盘

盘口微撇，弧腹，坦底，圈足。盘内底于青花双圈内绘十字宝杵纹，盘内外沿各绘青花弦纹两道，盘外壁绘青花夔龙纹四，龙口各衔香草。

盘底双圈栏内青花楷书："大明成化年制"。

94 明成化 青花岁寒三友纹盘

高 4 厘米　口径 16.5 厘米　足径 10.2 厘米

残损状态：盘体断裂为数片，拼合后圈足处有缺肉。

修复情况：以麦漆复位黏合胎体，牙科倒模蜡片辅助环氧树脂塑形胶塑出缺失的足墙形态，生漆、漆灰、黑漆多道打磨找平后，以弁柄漆勾描断片缝隙及补缺部位后上纯金粉，生漆揩涂固金后完成修复。

明成化 青花岁寒三友纹盘

盘撇口，弧腹，底稍下凹，圈足。盘内沿绘饰青花卷草纹一周，盘底青花双圈内绘松竹梅纹。盘外沿绘青花弦纹一道，腹绘青花松竹梅纹，间饰山石、灵芝、香草，下饰地坡，圈足绘青花弦纹两道。

足底双圈栏内青花楷书："大明成化年制"。

95 明成化 斗彩龙纹盘

高 5.3 厘米　口径 20.8 厘米　足径 12.8 厘米

残损状态： 盘体断裂为数片，拼合后圈足处有三处缺损。

修复情况： 以麦漆复位黏合胎体，漆灰、生漆、黑漆多道找平，打磨平滑后，以弁柄漆勾描裂线后上纯金粉，生漆揩涂固金后完成修复。

明成化 斗彩龙纹盘

盘敞口,圆弧腹,矮圈足。盘内外口沿及足圈部各绘青花弦纹一道,腹壁以青花斗彩工艺绘四条游走的四爪行龙,腹底绘海水纹一周。

足底双方栏内青花楷书:"大明成化年制"。

96 明成化 青花绿彩龙纹盘

高 3.9 厘米　口径 18.6 厘米　足径 10.8 厘米

残损状态：盘体断裂为两大两小四片，拼合器物后裂隙处有小缺。

修复情况：以麦漆复位黏合胎体，调制漆灰刮入裂隙找平及补缺，生漆、黑漆多道打磨找平后，以弁柄漆勾描断片缝隙及补缺部位上纯金粉，生漆揩涂固金后完成修复。

明成化 青花绿彩龙纹盘

盘撇口,弧腹,矮圈足。内壁光素无纹,壁腹绘青花勾勒五爪双龙戏珠及云纹,烧成后加饰绿彩于青花轮廓内,口沿加饰绿彩弦纹一道,底足加饰绿彩弦纹两道。

足底双方栏内青花楷书:"大明成化年制"。

97 明成化 斗彩翼龙纹盘

高 4 厘米　口径 20.5 厘米　足径 12.5 厘米

残损状态：盘体断裂为多片，拼合后一侧盘壁及圈足有缺损。

修复情况：以麦漆复位黏合胎体，牙科倒模蜡片辅助环氧树脂塑形胶补缺，调制漆灰刮入裂隙及补缺处找平，生漆、黑漆多道打磨找平后，以弁柄漆勾描断片缝隙及补缺部位上纯金粉，生漆揩涂固金。

明成化 斗彩翼龙纹盘

盘微撇口，弧腹圈足。盘内沿及底分绘青花双圈，底圈内绘青花斗彩翼龙一，外壁口沿及圈足分绘青花双圈，腹壁一周绘青花斗彩翼龙三，所绘翼龙皆双翼无足。

盘底青花双圈内楷书："大明成化年制"。

98 明成化斗彩莲池鸳鸯纹盘

高 4 厘米　口径 18.3 厘米　足径 10.9 厘米

残损状态： 盘体断裂为数片，拼合后一侧有缺损。

修复情况： 以麦漆复位黏合胎体，牙科倒模蜡片辅助环氧树脂塑形胶补缺，生漆、漆灰、黑漆多道打磨找平后，以弁柄漆勾描断片缝隙及补缺部位上纯金粉，生漆揩涂固金后完成修复。

明成化 斗彩莲池鸳鸯纹盘

盘微撇口，弧腹下收，坦底，圈足。盘内口及内底分绘青花双圈，内底双圈内绘青花斗彩莲池鸳鸯纹。

盘外缘及足底分绘两道青花弦纹，盘腹绘青花斗彩莲池鸳鸯纹一周，腹底部绘一周青花仰莲瓣纹。青花淡雅，彩料鲜明，观感十分雅致。

足底双圈内青花楷书："大明成化年制"。

99 明成化 青花釉里红海水龙纹盘

高 4.4 厘米　口径 20.4 厘米　足径 12.6 厘米

残损状态：盘沿处有两处较大的缺肉，无其他断裂及冲线。

修复情况：以牙科倒模蜡片辅助环氧树脂塑形胶补缺，生漆、漆灰、黑漆多道打磨找平后，以弁柄漆勾描缺肉部位的弦纹、海水纹、龙尾部位，重复两遍以堆起厚度，再以弁柄漆遍涂缺肉部位整体后上纯金粉，使缺失的纹样在金色中得以凸显，生漆揩涂固金后完成修复。

明成化 青花釉里红海水龙纹盘

盘撇口，弧腹下收，坦底，圈足。盘内外口沿、腹底、圈足分绘青花弦纹两道，盘内底青花双圈内及盘外壁以青花绘海水纹为地，再以釉里红绘五爪龙纹。纹饰主次分明，色彩相互烘托，具有特别的秩序美感。

足底双圈内青花楷书："大明成化年制"。

100 明成化 孔雀绿釉青花穿花凤纹盘

高 3.3 厘米　口径 16 厘米　足径 10.2 厘米

残损状态： 盘沿一侧缺损，无其他断片及裂痕。

修复情况： 以牙科倒模蜡片辅助环氧树脂塑形胶补缺，生漆、漆灰、黑漆多道打磨找平后，以弁柄漆勾描补缺部位并上纯金粉，生漆揩涂固金后完成修复。

明成化 孔雀绿釉青花穿花凤纹盘

盘侈口，浅弧腹，圈足。盘内壁口沿及底绘两道青花双圈，盘底双圈内绘双凤对飞。盘外壁亦绘双凤纹，其间缀以莲花。青花挂透明釉烧成后，再挂孔雀绿釉入窑低温烧制，器成后青花纹样呈青黑色。

盘底青花双圈内书"大明成化年制"款。

101 | 明成化 青花松竹梅纹高足碗

高10.5厘米　口径15.7厘米　足径4.6厘米

高足碗微侈口，弧壁下敛，高圈足直壁斜收。内外口沿分别绘两道青花弦纹，碗内底青花双圈内绘松竹梅，外壁绘青花松竹梅纹一周，间饰地坡、香草。圈足下方绘青花回纹一周。

圈足内书青花"大明成化年制"款。

残损状态：碗体裂为数片，拼合后碗腹下有小缺。

修复情况：以麦漆复位黏合胎体，调制漆灰填补缺肉，生漆、黑漆多道找平，打磨平滑后，以弁柄漆勾描后上纯金粉，生漆揩涂固金后完成修复。

明成化 青花松竹梅纹高足碗

102 | 明成化 青花缠枝牡丹纹高足碗

高10.9厘米　口径15.8厘米　足径4.8厘米

高足碗微侈口，弧壁下敛，高圈足直壁斜收。内外口沿分别绘两道青花弦纹。碗内底绘青花折枝花，外壁绘青花缠枝莲及海水江崖纹，圈足下方绘青花双弦纹。

圈足内书青花"大明成化年制"款。

残损状态：碗体裂为数片，拼合后碗腹下及口沿有小缺。

修复情况：以麦漆复位黏合胎体，调制漆灰填补缺肉，生漆、黑漆多道找平，打磨平滑后，以弁柄漆勾描后上纯金粉，生漆揩涂固金后完成修复。

明成化 青花纏枝牡丹紋高足碗

103 | 明成化 斗彩缠枝莲纹高足碗

高11厘米　口径16厘米　足径4.9厘米

高足碗微侈口，弧壁下敛，高圈足直壁斜收。内外口沿分别绘两道青花弦纹。碗内底绘斗彩折枝花，外壁绘斗彩缠枝莲及海水江崖纹，圈足下方绘青花双弦纹。

圈足内书青花"大明成化年制"款。

残损状态：碗体裂为数片，有少量缺肉。

修复情况：以麦漆复位黏合胎体，调制漆灰填补缺肉，生漆、黑漆多道找平，打磨平滑后，以弁柄漆勾描后上纯金粉，生漆揩涂固金后完成修复。

明成化 斗彩缠枝莲纹高足碗

104 明成化 斗彩麒麟天马纹高足碗

高10.7厘米　口径15.7厘米　足径4.5厘米

碗形略同前例。内外口沿及足圈近底处分别绘两道青花弦纹。碗内底绘斗彩麒麟纹，外壁绘斗彩麒麟天马纹一周。圈足下方绘青花卷草纹。

圈足内书青花"大明成化年制"款。

残损状态：碗体裂为数片，拼合后碗腹下有小缺。

修复情况：以麦漆复位黏合胎体，调细漆灰填补缺肉及裂隙，生漆、黑漆多道找平，打磨平滑后，以弁柄漆勾描后上纯金粉，生漆揩涂固金后完成修复。

明成化 斗彩麒麟天马纹高足碗

105 | 明成化 青花矾红鱼纹高足碗

高10.9厘米　口径15.7厘米　足径4.6厘米

高足碗撇口，深弧腹，高圈足下部微撇出。碗内底青花双圈内，绘青花云纹，内壁口沿绘青花弦纹两道，外壁口沿绘青花弦纹及方胜纹一周。碗外壁绘青花云纹及海水纹，挂透明釉入窑烧成后，于纹饰留白处加饰矾红鲤鱼纹，为传世成窑瓷器中的罕见品类。

高圈足内书青花"大明成化年制"款。

残损状态： 碗体裂为数片，拼合后碗腹下有小缺。

修复情况： 以麦漆复位黏合胎体，以牙科倒模蜡片辅助环氧树脂塑形胶填补缺肉，生漆、黑漆多道找平，打磨平滑后，以弁柄漆勾描后上纯金粉，生漆揩涂固金后完成修复。

明成化 青花矾红鱼纹高足碗

106 明成化 青花秋葵纹宫碗

高7.2厘米　口径15.2厘米　足径5.5厘米

宫碗是成化官窑瓷艺术巅峰的杰作，以胎薄体轻、釉脂莹润著称于世。

此宫碗敞口微侈，直壁深腹，下腹内收，圈足。内外口沿绘青花弦纹两道，碗心在青花双圈内绘七瓣小花一朵。碗内壁及外壁皆绘青花缠枝秋葵纹，圈足上绘弦纹两道。

足底双圈栏内青花楷书："大明成化年制"。

残损状态：碗体断裂为数片，拼合后基本完整。

修复情况：以麦漆复位黏合胎体，漆灰、生漆、黑漆多道填缝找平，打磨平滑后，以弁柄漆勾描后上纯金粉，生漆揩涂固金后完成修复。

明成化 青花秋葵紋宮碗

107 | 明成化 青花团凤纹宫碗

高7.2厘米　口径15.6厘米　足径5.4厘米

碗敞口微侈,直壁深腹,圈足。内底青花双圈内书梵文种子字一,外壁口沿及圈足部位绘青花弦纹两道,外壁绘团凤纹五组。胎薄釉润,青花发色雅致,双勾内细笔淡彩填实。

足底双方栏内青花楷书:"大明成化年制"。

残损状态: 一侧碗壁裂为数片,拼合后有两处缺肉。

修复情况: 以麦漆复位黏合胎体,以牙科倒模蜡片辅助环氧树脂塑形胶填补缺肉,生漆、漆灰、黑漆多道找平,打磨平滑后,以弁柄漆勾描后上纯金粉,生漆揩涂固金后完成修复。

明成化 青花团凤纹宫碗

108 | 明成化 青花缠枝花卉纹宫碗

高7.3厘米　口径15.5厘米　足径5.5厘米

碗内外口沿绘两道青花弦纹，碗心青花单圈内绘五瓣连心花叶，内外壁皆绘青花缠枝花卉纹，勾线内以细笔填染，釉面润泽如脂。

足底双圈栏内青花楷书："大明成化年制"。

残损状态： 裂为数片，拼合后腹壁一侧有小缺。

修复情况： 以麦漆复位黏合胎体，调制漆灰补塑缺损，生漆、黑漆多道找平，打磨平滑后，以弁柄漆勾描后上纯金粉，生漆揩涂固金后完成修复。

明成化 青花缠枝花卉纹宫碗

109 | 明成化 青花瓜瓞纹宫碗

高7.4厘米　口径15.5厘米　足径5.5厘米

碗敞口微侈，直壁深腹，下腹内收，圈足。碗内壁光素无纹，外壁口沿及圈足绘双弦纹，腹壁绘三组青花瓜瓞纹围饰一周。

足底双圈栏内青花楷书："大明成化年制"。

残损状态：裂为数片，拼合后腹壁一侧有小缺。

修复情况：以麦漆复位黏合胎体，调制漆灰补塑缺损，生漆、黑漆多道找平，打磨平滑后，以弁柄漆勾描后上纯金粉，生漆揩涂固金后完成修复。

明成化 青花瓜瓞纹宫碗

110 明成化 斗彩莲托八宝纹碗

高8.5厘米　口径16.2厘米　足径6.6厘米

碗敞口直壁，下腹渐收，圈足。碗内底双圈纹内，绘斗彩折枝灵芝纹一朵。外壁口沿及足圈各绘两道弦纹，碗腹绘斗彩折枝莲托八宝纹，腹底绘斗彩仰莲纹一周。

足底双方栏内青花楷书："大明成化年制"。

残损状态：碗体断裂为数片，拼合后口沿及仰莲纹部位有小缺。

修复情况：以麦漆复位黏合胎体，牙科倒模蜡配合漆灰补塑缺损，生漆、黑漆多道找平，打磨平滑后，以弁柄漆勾描后上纯金粉，生漆揩涂固金后完成修复。

明成化 斗彩莲托八宝纹碗

111 | 明成化 斗彩团龙纹碗

高9.6厘米　口径19.2厘米　足径8.2厘米

碗敞口，深腹斜收，圈足。碗心青花双圈内绘斗彩团龙，外壁口沿、圈足各绘青花双弦纹，腹壁绘四个青花斗彩团龙，间以云纹，所有团龙皆做五爪双翼。

足底双方栏内青花楷书："大明成化年制"。

残损状态：碗体断裂为数片，拼合后基本完整。

修复情况：以麦漆复位黏合胎体，漆灰、生漆、黑漆多道填缝找平，打磨平滑后，以弁柄漆勾描后上纯金粉，生漆揩涂固金后完成修复。

明成化 斗彩团龙纹碗

112 | 明成化 斗彩团龙纹碗

高9.6厘米 口径19.7厘米 足径8.2厘米

与前例碗型及描绘图案大体类同，唯龙身及云纹青花勾线内填彩用色有异。

足底双方栏内青花楷书："大明成化年制"。

残损状态：碗体断裂为数片，拼合后碗壁及口沿有小缺损。

修复情况：以麦漆复位黏合胎体，牙科倒模蜡配合环氧树脂塑形胶补塑缺损，生漆、黑漆多道找平，打磨平滑后，以弁柄漆勾描后上纯金粉，生漆揩涂固金后完成修复。

明成化斗彩团龙纹碗

113 | 明成化 斗彩盆花果蔬纹碗

高8.8厘米 口径19.7厘米 足径7.6厘米

碗敞口，斜直壁，腹下收，筒状圈足。内口及内底分绘青花双弦纹，内绘青花斗彩折枝花果纹。外口及圈足绘青花双弦纹，碗壁一周绘四个青花斗彩盆花果蔬纹，其间以云纹补间。

足底双方栏内青花楷书："大明成化年制"。

残损状态：碗体断裂为数片，拼合后碗壁有两处小缺损。

修复情况：以麦漆复位黏合胎体，牙科倒模蜡配合环氧树脂塑形胶补塑缺损，漆灰、生漆、黑漆多道找平，打磨平滑后，以弁柄漆勾描后上纯金粉，生漆揩涂固金后完成修复。

明成化 斗彩盆花果蔬纹碗

114 | 明成化 斗彩缠枝月季纹卧足碗

高4.1厘米　口径12厘米　足径6.6厘米

碗形撇口卧足，腹斜而下敛。碗内口沿绘双线，碗底在青花圈纹内绘青花斗彩莲纹一朵，碗外壁口沿下绘斗彩海波纹，腹壁绘斗彩缠枝月季纹。

碗底双圈内书款："大明成化年制"。

青花淡雅，彩料明艳，虽为小器，十足可观。

残损状态：碗一侧裂为数片，拼合后基本完整无缺肉。

修复情况：以麦漆复位黏合胎体，漆灰、生漆、黑漆多道找平，打磨平滑后，以弁柄漆勾描断片裂缝部位上纯金粉，生漆揩涂固金后完成修复。

明成化 斗彩缠枝月季纹卧足碗

115 | 明成化 斗彩折枝花果纹小碗

高6.6厘米　口径15.5厘米　足径5.5厘米

碗形敞口微侈，弧腹下敛，圈足。碗内壁口沿绘一周斗彩折枝花果纹，碗心绘一斗彩折枝枇杷。口沿外及圈足皆绘青花弦纹两道，碗壁一周绘八枝斗彩折枝花果。

碗底双圈内书款："大明成化年制"。

残损状态： 断裂为数片，拼合后有一处小缺损。

修复情况： 以麦漆复位黏合胎体，调制漆灰补缺填缝，生漆、黑漆多道找平，打磨平滑后，以弁柄漆勾描断片裂缝部位上纯金粉，生漆揩涂固金后完成修复。

明成化 斗彩折枝花果纹小碗

116 | 明成化 釉里红龙纹碗

高7.8厘米　口径18.1厘米　足径7厘米

碗撇口，深弧腹，圈足。碗内光素无纹饰，外壁口沿及圈足皆绘弦纹两道，碗腹绘五爪龙纹二，腹下饰仰莲纹一周，全部纹饰以釉下红料绘出。

足底双圈栏内青花楷书："大明成化年制"。

残损状态： 碗体断裂为数片，拼合后圈足部位有缺损。

修复情况： 以麦漆复位黏合胎体，牙科倒模蜡配合环氧树脂塑形胶补塑缺损，漆灰、生漆、黑漆多道找平，打磨平滑后，以弁柄漆勾描后上纯金粉，生漆揸涂固金后完成修复。

明成化 釉里红龙纹碗

117 | 明成化 蓝釉碗

高7.8厘米　口径15.5厘米　足径5.4厘米

碗撇口，深弧腹斜收，圈足。碗内外壁挂蓝釉，碗底双方栏内书款："大明成化年制"。

残损状态：断裂为数片，拼合后基本完整。

修复情况：以麦漆复位黏合胎体，漆灰、生漆、黑漆多道找平，打磨平滑后，以弁柄漆勾描断片裂缝部位上纯金粉，生漆揩涂固金后完成修复。

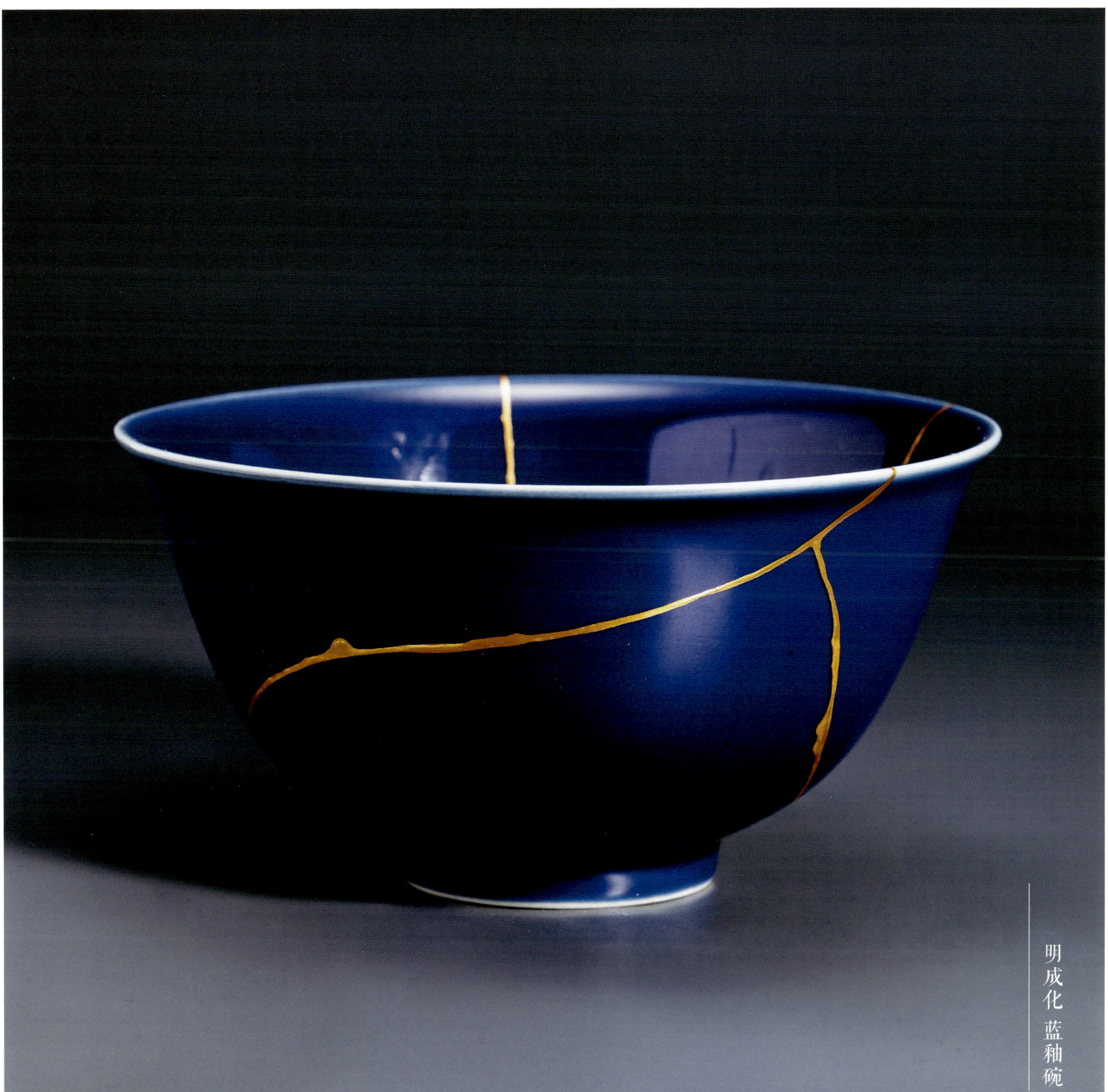

明成化 蓝釉碗

118 | 明成化 绿釉碗

高7.5厘米　口径16.7厘米　足径6.8厘米

碗撇口,深弧腹斜收,圈足。内外壁挂绿釉,釉面莹润有明显蛤蜊光,碗底双圈内书款:"大明成化年制"。

残损状态:一侧口沿断裂为两个破片,拼合后基本完整。

修复情况:以麦漆复位黏合胎体,漆灰、生漆、黑漆多道找平,打磨平滑后,以弁柄漆勾描断片裂缝部位上纯金粉,生漆揩涂固金后完成修复。

明成化 绿釉碗

119 | 明成化 斗彩缠枝莲纹高足杯

高8.2厘米　口径7.7厘米　足径3.7厘米

高足杯侈口、深弧壁、高圈足外撇，足胫上有竹节形凸棱。口沿内外、足圈各绘一道青花弦纹，杯壁绘青花斗彩缠枝莲纹，花叶均以釉下青花勾勒轮廓，再填以红绿黄彩。

足底青花楷书款："大明成化年制"。

残损状态：杯体裂为数片，器身拼合后基本完整无缺。

修复情况：以麦漆复位黏合胎体，漆灰、生漆、黑漆多道找平，打磨平滑后，以弁柄漆勾描断片裂缝部位上纯金粉，生漆揩涂固金后完成修复。

明成化 斗彩缠枝莲纹高足杯

120 明成化 斗彩缠枝莲纹高足杯

高6.1厘米 口径4.8厘米 足径2.7厘米

侈口、深弧壁、外撇高圈足，足胫上有竹节形凸棱。杯内壁光素无纹，外壁绘斗彩缠枝莲纹，圈足部位绘斗彩散点小花，足下部绘一周串枝叶纹。

足底青花楷书款："大明成化年制"。

残损状态：杯体断裂为五片，口沿有小缺。

修复情况：以麦漆复位黏合胎体，牙科倒模蜡配合漆灰补塑口沿缺损，生漆、黑漆多道找平，打磨平滑后，以弁柄漆勾描后上纯金粉，生漆揩涂固金后完成修复。

明成化 斗彩缠枝莲纹高足杯

121 | 明成化 斗彩折枝莲纹高足杯

高7.5厘米 口径6.3厘米 足径3.5厘米

侈口、深弧壁、外撇高圈足，足胫上有竹节形凸棱。杯内外口沿绘青花弦纹一道，杯壁绘青花折枝莲四朵，花间上下填绘以斗彩小花，圈足下部亦绘青花弦纹一道。

足底青花楷书款："大明成化年制"。

残损状态：杯足完整，杯身裂为三片，拼合后有小缺肉。

修复情况：以麦漆复位黏合胎体，调制漆灰补塑缺损，生漆、黑漆多道找平，打磨平滑后，以弁柄漆勾描后上纯金粉，生漆揩涂固金后完成修复。

明成化 斗彩折枝莲纹高足杯

122 | 明成化 孔雀绿釉高足杯

高6.5厘米　口径8.2厘米　足径4厘米

孔雀绿釉因颜色类似孔雀尾羽而得名，实际呈现十分鲜艳的蓝色。此件高足杯式样优美，撇口，深腹，腹底转折，底平，弧形高圈足外撇收束。杯体内外挂孔雀绿釉，圈足内底挂透明釉。

双圈栏内青花楷书："大明成化年制"。

残损状态：杯体裂为四片，拼合后基本完整，口沿部另有小冲线。

修复情况：以麦漆复位黏合胎体，漆灰、生漆、黑漆多道找平，打磨平滑后，以弁柄漆勾描断片裂缝及冲线部位上纯金粉，生漆揩涂固金后完成修复。

明成化 孔雀绿釉高足杯

123 | 明成化 青釉高足杯

高9.1厘米　口径7.7厘米　足径4.1厘米

杯撇口、弧壁略内收，下腹折为坦底，下有外撇形高圈足，足圈上部有一道凸起的弦纹。杯胎体青灰，釉色浅碧，胎厚釉润，有均匀开片，圈足露胎处为深色火石红。

足底青花楷书款："大明成化年制"。

残损状态：杯体裂为数片，拼合后基本完整。

修复情况：以麦漆复位黏合胎体，细漆灰刮填入裂隙补平，生漆、黑漆多道找平，打磨平滑后，以弁柄漆勾描后上纯金粉，生漆揩涂固金后完成修复。

明成化 青釉高足杯

124 | 明成化 青花三秋杯

高4.2厘米　口径7厘米　足径2.5厘米

斗彩三秋杯为成窑名品，此件青花三秋杯因绘青花入窑烧成后纹饰晕散，因此未再以彩料加饰。

底双方栏内书款："大明成化年制"。

残损状态：断裂为数片，拼合后有数处小缺损。

修复情况：以麦漆复位黏合胎体，调制漆灰补缺填缝，生漆、黑漆多道找平，打磨平滑后，以弁柄漆勾描断片裂缝部位上纯金粉，生漆揩涂固金后完成修复。

明成化 青花三秋杯

125 | 明成化 青花花鸟纹杯

高5.2厘米　口径9厘米　足径3.7厘米

杯敞口微侈，深腹，腹下浅敛，圈足。杯内壁光素无纹饰，外壁口沿及圈足各绘青花弦纹两道，杯壁绘青花树石花鸟纹两组围饰一周。

底双圈内书款："大明成化年制"。

残损状态：断裂为数片，拼合后基本完整。

修复情况：以麦漆复位黏合胎体，漆灰、生漆、黑漆多道找平，打磨平滑后，以弁柄漆勾描断片裂缝部位上纯金粉，生漆揩涂固金后完成修复。

明成化 青花花鸟纹杯

126 | 明成化 斗彩鸡缸杯

高4厘米　口径8厘米　足径4厘米

鸡缸杯为帝室御用，是当之无愧的成化名品。

杯敞口微撇，口下渐敛，平底，卧足。杯内壁素白无纹，外壁饰子母鸡两群，间以湖石、月季与兰草，一派春时生发景象。

足底边一周无釉。足底双方栏内青花楷书："大明成化年制"。

残损状态： 杯体裂为三片，接口处有小缺损。

修复情况： 以麦漆复位黏合胎体，牙科倒模蜡配合漆灰补塑缺损，生漆、黑漆多道找平，打磨平滑后，以弁柄漆勾描后上纯金粉，生漆揩涂固金后完成修复。

明成化 斗彩鸡缸杯

127 | 明成化 斗彩三秋杯（成对）

高4.1厘米　口径6.7厘米　足径2.7厘米

成化三秋杯亦为成窑名品。杯型撇口，深斜腹，瘦底，小圈足。杯内光素无纹。外壁以青花斗彩绘饰两组山石花卉，其间飞舞蝴蝶。蝶翅上所施紫彩即著名的姹紫彩，色浓无光，为成化斗彩所仅有。

足底双方栏内青花楷书："大明成化年制"。

残损状态：各断裂为三片，拼合后皆无明显缺肉。

修复情况：以麦漆复位黏合胎体，细漆灰刮填入裂隙补平，生漆、黑漆多道找平，打磨平滑后，以弁柄漆勾描后上纯金粉，生漆揩涂固金后完成修复。

明成化 斗彩三秋杯（成对）

128 | 明成化 斗彩高士杯（成对）

高3.4厘米　口径6.1厘米　足径2.5厘米

高士杯是成化斗彩的名品之一，杯敞口敛壁，深腹卧足，形如缸。器内光素无纹饰，外壁口沿和足部各绘青花弦纹一道。壁上绘青花斗彩高士，花草树木、小鹅、山石及云彩环绕。

足底青花双方栏内楷书："大明成化年制"。

残损状态：各破裂为数片，拼合后全器基本完整。

修复情况：以麦漆复位黏合胎体，细漆灰刮入裂隙内填缝，生漆、黑漆多道找平，打磨平滑后，以弁柄漆勾描后上纯金粉，生漆揩涂固金后完成修复。

明成化 斗彩高士杯（成对）

129 | 明成化 斗彩落花流水杯

高3厘米　口径5.7厘米　足径3厘米

落花流水杯是成化斗彩中的罕见珍品。

杯形与高士杯略似。器内光素无纹，外壁上下绘青花弦纹一道，壁腹绘青花斗彩落花流水纹，发色明丽，尤为可观。

足底青花双方栏内楷书："大明成化年制"。

残损状态： 杯体裂为三片，拼合后缝隙处有小缺。

修复情况： 以麦漆复位黏合胎体，牙科倒模蜡配合漆灰补塑缺损，生漆、黑漆多道找平，打磨平滑后，以弁柄漆勾描后上纯金粉，生漆揩涂固金后完成修复。

明成化 斗彩落花流水杯

130 | 明成化 斗彩瓜楞纹杯（成对）

高3.3厘米　口径7.4厘米　足径5.1厘米

小杯微敛口，矮弧腹，卧足。杯内底青花双圈内绘莲花一朵，花心内填十字金刚杵纹，花瓣内各填梵文种子字。外壁口沿青花弦纹两道，足绘青花弦纹一道，腹壁一周绘四朵斗彩折枝瓜楞纹。

足底双方栏内青花楷书："大明成化年制"。

残损状态： 各破裂为数片，拼合后局部有小缺。

修复情况： 以麦漆复位黏合胎体，牙科倒模蜡配合漆灰补塑缺损，生漆、黑漆多道找平，打磨平滑后，以弁柄漆勾描后上纯金粉，生漆揩涂固金后完成修复。

明成化 斗彩瓜黎纹杯（成对）

131 | 明成化 斗彩莲池鸳鸯纹杯

高5.4厘米 口径7.8厘米 足径2.9厘米

杯撇口，深弧腹，下有小圈足。内壁无纹，外壁口沿及圈足绘两道青花弦纹。腹壁青花勾线，斗彩绘莲池鸳鸯纹样。

足底双方栏内青花楷书："大明成化年制"。

残损状态：裂为四片，拼后缝隙处有小缺。

修复情况：以麦漆复位黏合胎体，牙科倒模蜡配合漆灰补塑缺损，生漆、黑漆多道找平，打磨平滑后，以弁柄漆勾描后上纯金粉，生漆揩涂固金后完成修复。

明成化 斗彩莲池鸳鸯纹杯

132 | 明成化 斗彩三多纹马蹄杯（成对）

高4.3厘米　口径8厘米　足径4.9厘米

杯撇口，深腹下敛，矮圈足。杯内壁光素无纹，外壁口沿及足部各绘青花弦纹两道，腹壁一周绘青花斗彩折枝石榴、桃子、佛手。

足底双方栏内青花楷书："大明成化年制"。

残损状态：各裂为数片，并皆于口沿部位有小缺。

修复情况：以麦漆复位黏合胎体，牙科倒模蜡配合环氧树脂塑形胶补塑缺损，生漆、漆灰、黑漆多道找平，打磨平滑后，以弁柄漆勾描后上纯金粉，生漆揩涂固金后完成修复。

明成化 斗彩三多纹马蹄杯（成对）

133 | 明成化 斗彩折枝莲纹杯

高4.5厘米　口径8.7厘米　足径4厘米

杯撇口，垂腹，圈足。内壁光素无纹，外壁口沿及足部各绘青花弦纹两道，腹壁一周绘青花斗彩折枝莲纹样四朵，间以斗彩小花叶。

足底双圈栏内青花楷书："大明成化年制"。

残损状态：杯体断裂为三片，拼合后基本完整。

修复情况：以麦漆复位黏合胎体，调细漆灰刮填补缝，生漆、黑漆多道找平，打磨平滑后，以弁柄漆勾描后上纯金粉，生漆揩涂固金后完成修复。

明成化 斗彩折枝莲纹杯

134 | 明成化 斗彩折枝莲纹杯

高4厘米　口径5.5厘米　足径2.1厘米

杯撇口，深弧腹，底渐敛，小圈足，造型端稳。杯内光素无纹饰，外壁绘四朵斗彩折枝莲，花朵设色二青一红一黄。

足底双方栏内青花楷书："大明成化年制"。

残损状态：裂为四片，拼合后腹间有小缺肉。

修复情况：以麦漆复位黏合胎体，牙科倒模蜡配合环氧树脂塑形胶补塑缺损，生漆、漆灰、黑漆多道找平，打磨平滑后，以弁柄漆勾描后上纯金粉，生漆揩涂固金后完成修复。

明成化 斗彩折枝莲纹杯

135 | 明成化 青花矾红折枝莲纹杯

高4.8厘米　口径8.5厘米　足径3厘米

杯口微侈，深弧腹，小圈足。杯内光素无纹饰，外壁绘四朵青花折枝莲，花朵部位双勾留白，入窑高温烧成后，在青花双勾内填矾红彩加饰。

足底双方栏内青花楷书："大明成化年制"。

残损状态：断裂为数片，拼合后腹底通及圈足有一小缺肉。

修复情况：以麦漆复位黏合胎体，牙科倒模蜡配合环氧树脂塑形胶补塑缺损，生漆、漆灰、黑漆多道找平，打磨平滑后，以弁柄漆勾描后上纯金粉，生漆揩涂固金后完成修复。

明成化 青花矾红折枝莲纹杯

136 | 明成化 黄釉杯（成对）

左：高4.2厘米　口径7.4厘米　足径3.4厘米

右：高4.5厘米　口径7.4厘米　足径3.5厘米

杯体撇口，深弧腹，小圈足。杯体内外壁皆挂黄釉。

底绘青花双圈内楷书："大明成化年制"。

残损状态：杯身裂为数片，左侧小杯有缺肉。

修复情况：以麦漆复位黏合胎体，牙科倒模蜡片配合漆灰补塑缺损，生漆、黑漆多道找平，打磨平滑后，以弁柄漆勾描后上纯金粉，生漆揩涂固金后完成修复。

明成化 黄釉杯（成对）

137 | 明成化 黄釉杯（三件）

左：高4厘米　口径5.5厘米　足径2.1厘米
中：高4.4厘米　口径6.5厘米　足径2.7厘米
右：高3.6厘米　口径7厘米　足径3.3厘米

三只小杯杯型略异，左右皆为撇口，中为侈口，右边一只为卧足。

杯体内外壁皆挂黄釉，底绘青花双圈内楷书："大明成化年制"。

残损状态：各裂为数片，拼合后左右两只基本完整，中间一只口沿有小缺肉。

修复情况：以麦漆复位黏合胎体，牙科倒模蜡片配合漆灰补塑缺损，生漆、黑漆多道找平，打磨平滑后，以弁柄漆勾描后上纯金粉，生漆揩涂固金后完成修复。

明成化 黄釉杯（三件）

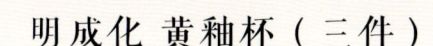

138 | 明成化 绿釉杯

高4厘米　口径6.6厘米　足径3厘米

杯体微撇口，深弧腹，小圈足。杯体内外壁皆挂绿釉，釉面碧翠莹亮。

外底青花双圈内楷书："大明成化年制"。

残损状态：口沿一侧有较大面积缺损，断口胎壁极薄。

修复情况：牙科倒模蜡片配合环氧树脂塑形胶补塑缺损，反复打磨补肉胶体至与原胎相类的厚度后，以生漆固胎，细漆灰、黑漆多道找平，打磨平滑后，调制洁净的黑推光漆髹涂，打磨后推光揩清多道，以黑素髹工艺完成修复，以期获得与原器相配的素雅简约艺术效果。

明成化 绿釉杯

139 | 明成化 绿釉杯

高4.1厘米　口径6.8厘米　足径2.6厘米

杯撇口，深斜腹，瘦底，小圈足，类三秋杯杯型。杯体内外壁皆挂绿釉。

外底青花双圈内楷书："大明成化年制"。

残损状态：杯体裂为数片，拼合后有三处小缺。

修复情况：以麦漆复位黏合胎体，牙科倒模蜡片配合漆灰补塑缺损，生漆、黑漆多道找平，打磨平滑后，以弁柄漆勾描后上纯金粉，生漆揩涂固金后完成修复。

明成化 绿釉杯

140 | 明成化 青釉花口杯

高5厘米　口径8.2厘米　足径3.4厘米

杯撇口，弧腹，圈足下敛，杯胎为模印成型，带有六瓣弧棱。断裂处显露灰胎，釉色浅碧，胎厚釉润，有均匀开片，圈足露胎处为火石红色。

足底双方栏内青花楷书款："大明成化年制"。

残损状态： 杯体裂为四片，拼合后基本完整。

修复情况： 以麦漆复位黏合胎体，细漆灰刮填入裂隙补平，生漆、黑漆多道找平，打磨平滑后，以弁柄漆勾描后上纯金粉，生漆揩涂固金后完成修复。

明成化 青釉花口杯

141 ｜ 明成化 青釉斗笠杯

高5厘米　口径11.3厘米　足径3.7厘米

小杯敞口直壁，形如斗笠，卧足。全器挂青釉，釉色偏黄，断口处胎呈灰色，足圈露胎处为火石红色。

足底双圈栏内青花楷书款："大明成化年制"。

残损状态：杯体裂为三片，拼合后有小缺损。

修复情况：以麦漆复位黏合胎体，牙科倒模蜡配合漆灰补塑缺损，生漆、黑漆多道找平，打磨平滑后，以弁柄漆勾描后上纯金粉，生漆揩涂固金后完成修复。

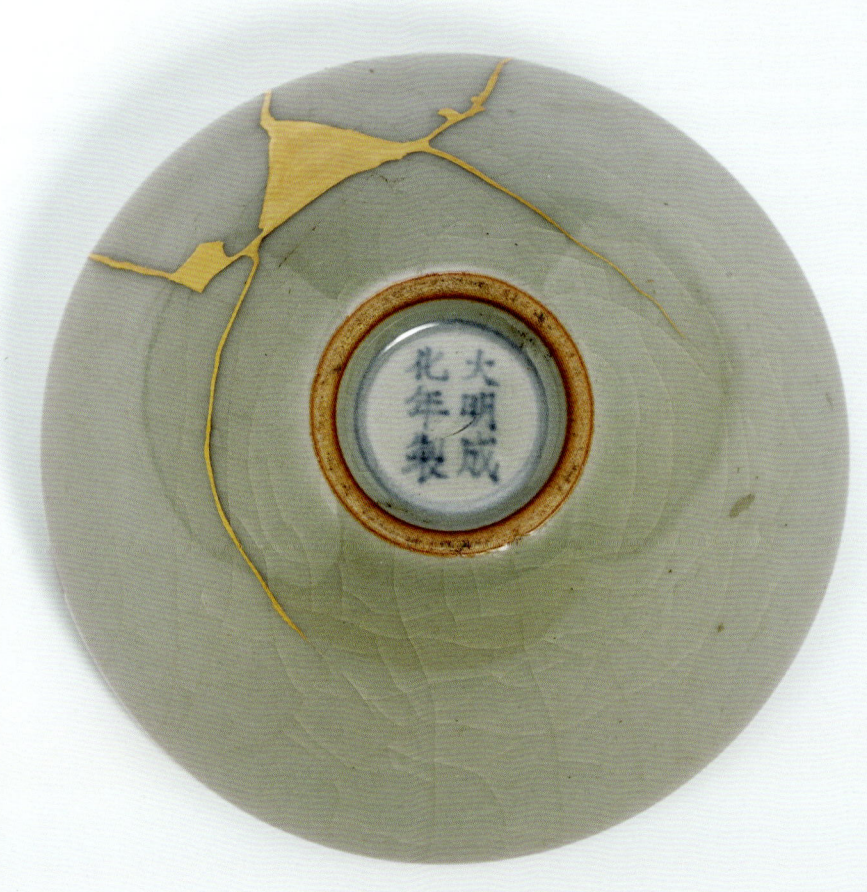

明成化 青釉斗笠杯

142 明弘治 黄釉龙纹盘

高 4.6 厘米　口径 20.4 厘米　足径 12.4 厘米

残损状态：盘身裂为数片，拼合后基本完整，有数处小缺损。

修复情况：以麦漆复位黏合胎体，牙科倒模蜡配合环氧树脂塑形胶补塑缺损，生漆、漆灰、黑漆多道找平，打磨平滑后，以弁柄漆勾描裂隙及补缺部位后上纯金粉，生漆揩涂固金后完成修复。

明弘治黄釉龙纹盘

弘治黄釉是以铁为着色剂的低温釉，烧成温度850~900℃。因呈色淡而娇艳，釉面肥润莹亮，故有"娇黄"之称。

盘撇口，弧腹，圈足。盘内光素无纹，挂透明釉。盘外壁先在素胎上以沥粉工艺堆塑龙纹二，间饰堆塑云纹，入窑高温烧制后，盘外壁再满挂黄釉低温烧成。

足底挂透明釉，双圈栏内青花楷书款："大明弘治年制"。

143 | 明弘治 黄釉碗

高7.3厘米　口径15.7厘米　足径5.9厘米

碗撇口，弧腹渐收，下有圈足。碗内外皆光素无纹饰，满饰黄釉。胎薄，形态轻盈优美，釉面有明显蛤蜊光。

足底挂透明釉，双圈栏内青花楷书款："大明弘治年制"。

残损状态：碗身裂为数片，拼合后基本完整。

修复情况：以麦漆复位黏合胎体，细漆灰刮填入断口补平缝隙，生漆、黑漆多次找平，打磨平滑后，以弁柄漆勾描裂隙及冲线部位后上纯金粉，生漆揩涂固金后完成修复。

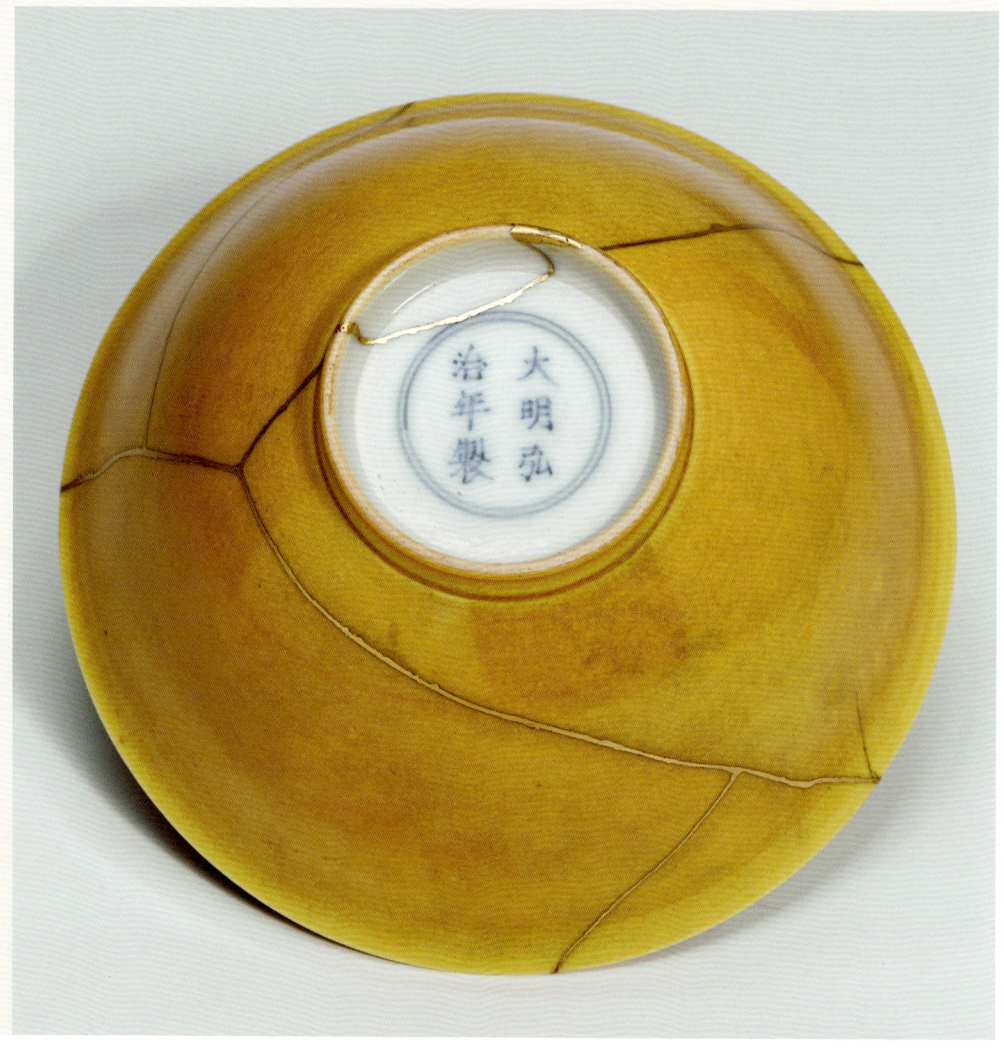

明弘治 黄釉碗

144 | 明弘治 黄釉碗

高7.5厘米　口径14.5厘米　足径4.3厘米

碗敞口，圆弧腹，下有圈足。碗内外皆光素无纹饰，满饰黄釉。胎体薄而规整，釉面有明显蛤蜊光及沁色。

足底挂透明釉，双圈栏内青花楷书款："大明弘治年制"。

残损状态：盘身裂为数片，拼合后基本完整，有两处缺损。

修复情况：以麦漆复位黏合胎体，牙科倒模蜡配合环氧树脂塑形胶补塑缺损，生漆、漆灰、黑漆多道找平，打磨平滑后，以弁柄漆勾描裂隙及补缺部位后上纯金粉，生漆揩涂固金后完成修复。

明弘治 黄釉碗

145 | 明弘治 黄地青花云龙纹碗

高7.7厘米　口径15.2厘米　足径5.4厘米

碗敞口，弧腹斜收，下有圈足。碗内壁光素无纹，挂透明釉。外壁绘青花五爪龙纹二，间饰云纹，入窑高温烧制后，外壁加饰黄釉为地色，再次低温烧成。

足底挂透明釉，双圈栏内青花楷书款："大明弘治年制"。

残损状态： 碗身裂为数片，拼合后基本完整，有明显冲线。

修复情况： 以麦漆复位黏合胎体，漆灰、生漆、黑漆多道找平，打磨平滑后，以弁柄漆勾描裂隙及冲线部位后上纯金粉，生漆揩涂固金后完成修复。

明弘治 黄地青花云龙纹碗

146 明正德 青花红绿彩龙纹碗

高8.6厘米 口径16.4厘米 足径6.1厘米

碗敞口，深圆腹，圈足。碗内壁光素无纹饰，外壁口沿及圈足部位各绘青花云头纹一周，外壁绘青花五爪龙纹二，间饰云纹，腹下绘海水江崖。入窑烧制后在透明釉上加饰红绿彩料，再次入窑低温烧成。

圈足底青花双圈栏内楷书："正德年制"。

残损状态： 碗身裂为数片，拼合后基本完整。

修复情况： 以麦漆复位黏合胎体，调制细漆灰刮填入裂隙初步补平，生漆、黑漆多道找平，打磨平滑后，以弁柄漆勾描裂隙部位后上纯金粉，生漆揩涂固金后完成修复。

明正德 青花红绿彩龙纹碗

147 | 明隆庆 青花云鹤八仙纹葫芦瓶

高34.1厘米　口径4.2厘米　足径12.5厘米

由于道教信仰在皇室的盛行，葫芦瓶成为明中后期官窑的经典器型。

此葫芦瓶敛口短颈，上圆下方，卧足。自瓶口至底青花纹饰满布，分为多层。瓶口菱格锦地开光寿字，肩绘覆莲瓣纹，上腹绘云鹤八卦，束腰处绘缠枝莲，束腰下绘菱格锦地缀朵花纹，下腹绘缠枝莲地开光八仙人物纹，四方腹壁开光内各绘二仙。

瓶底青花楷书："大明隆庆年造"。

残损状态：瓶自下腹断开为三片，拼合后基本完整。

修复情况：以麦漆复位黏合胎体，细漆灰刮填入缝隙初步补平、生漆、黑漆多道找平，打磨平滑后，以弁柄漆勾描裂隙及冲线部位后上纯金粉，生漆揩涂固金后完成修复。

明 隆庆 青花云鹤八仙纹葫芦瓶

148 | 明万历 五彩花鸟纹圆捧盒

高8.5厘米 口径15.3厘米 足径10.9厘米

万历五彩瓷器，是明代彩瓷继成化之后又一个发展高峰，在国内外享有盛誉。所谓五彩，是指以釉下青花与釉上彩料相搭配形成图案，青花为彩料其中一色，不专为勾勒图案轮廓之用。

此捧盒圆形结体，顶平，上下壁皆作圆弧状，相互呼应，下有圈足。盒顶在青花双圈内绘五彩水岸花鸟，上下侧壁皆绘五彩缠枝莲纹，圈足绘青花回纹一周。

足底双圈栏内楷书："大明万历年制"。

残损状态：盒盖完整无缺，盒身裂为三片，拼合后基本完整。

修复情况：以麦漆复位黏合胎体，细漆灰刮填入缝隙补平、生漆、黑漆多道找平，打磨平滑后，以弁柄漆勾描裂隙及冲线部位后上纯金粉，生漆揩涂固金后完成修复。

明万历 五彩花鸟纹圆捧盒

149 | 明万历 黄釉碗

高8.3厘米　口径18.2厘米　足径7.2厘米

碗撇口，深弧腹，圈足。碗内外皆光素无纹，满饰黄釉。釉面有聚集流挂，不匀净，有明显蛤蜊光。

双圈栏内青花楷书款："大明万历年制"。

残损状态：碗身裂为数片，拼合后有碗壁一侧有缺肉。

修复情况：以麦漆复位黏合胎体，牙科倒模蜡配合环氧树脂塑形胶补塑缺损，生漆、漆灰、黑漆多道找平，打磨平滑后，以弁柄漆勾描裂隙及冲线部位后上纯金粉，生漆揩涂固金后完成修复。

明万历 黄釉碗

150 清康熙 青花五彩山水图筒瓶

高21.5厘米 口径8.9厘米 足径7.2厘米

瓶阔口，口沿微撇，直颈，平肩，直长腹，下部微撇出，圈足。以釉下青花与釉上五彩相配合，在瓶颈至腹下的空间中绘制出通景山水图案。

瓶底足挂透明釉，青花双圈栏内双行小字："大清康熙年制"。

残损状态： 瓶身有明显受撞击碎裂痕，口沿亦有小缺损。

修复情况： 以麦漆复位黏合胎体，牙科倒模蜡片辅助环氧树脂塑形胶补缺，细漆灰刮刮填入裂片缝隙，生漆、黑漆多道打磨找平后，以弁柄漆勾描断片缝隙及补缺部位，上纯金粉，生漆揩涂固金后完成修复。

清康熙 青花五彩山水图筒瓶

151 | 清康熙 豇豆红釉柳叶瓶

高25厘米　口径6.1厘米　足径4厘米

柳叶瓶器型创制于清康熙时期，因器身细长，形似柳叶，故又有"美人肩"之称，豇豆红釉柳叶瓶为官窑名品。

瓶撇口、细长颈、丰肩、长腹下敛、小圈足。瓶身满挂豇豆红釉，呈色浅桃红，多处釉色转为苔点状绿斑，极似豇豆，具有天然之趣味。

瓶底挂透明釉，青花双圈款。

残损状态：瓶口裂为数片，拼合后有小缺，瓶身一侧有一缩釉斑。

修复情况：以麦漆复位黏合胎体，并以漆灰填补瓶口小缺及断片缝隙，以黑漆罩涂找平多次，水磨平滑后，以弁柄漆勾描补缺及缝隙处后上纯金粉，以生漆揩涂固金后完成修复。

清康熙 豇豆红釉柳叶瓶

152 清雍正白釉盘

高 3 厘米　口径 15 厘米　足径 9.3 厘米

残损状态：全器无断片，盘口有一处缺肉。

修复情况：以牙科倒模蜡片辅助环氧树脂塑形胶补缺，生漆、漆灰、黑漆多道打磨找平后，以弁柄漆勾描补缺部位，上纯金粉，生漆揩涂固金后完成修复。

清雍正白釉盤

盤敞口,淺圓腹,圈足。全器掛透明釉,光素無紋,釉面有明顯開片。

足底雙圈欄內楷書:"大清雍正年製"。

此器應原設計用於製作釉上彩瓷,因首次入窯燒製時出現釉裂開片而未再加飾。

153 | 清雍正 青花凤纹小洗（成对）

高2.5厘米　口径8.2厘米　足径5厘米

器型敞口微撇，直壁斜收，折腹坦底，圈足。小洗内壁绘青花缠枝花卉一周，内底青花凤衔灵芝，外壁口沿绘青花如意云纹一周。

足底双圈栏内楷书："大清雍正年制"。

残损状态：一只为完整器，一只口沿有小片缺肉。

修复情况：以牙科倒模蜡片辅助漆灰补缺，生漆、黑漆多道打磨找平后，以弁柄漆勾描补缺部位，上纯金粉，生漆揩涂固金后完成修复。

清雍正 青花凤纹小洗（成对）

154 | 清雍正 胭脂红釉碗

高7.6厘米　口径15.7厘米　足径6.1厘米

胭脂红釉是康熙朝创烧的低温彩釉，以金为呈色剂，至雍正时期始呈色稳定，成为著名颜色釉品种。

碗敞口，深圆腹，圈足。内外壁皆光素无纹饰，挂胭脂红釉。

碗外底挂透明釉，青花双圈款内篆书："大清雍正年制"。

残损状态：碗一侧断裂为多片，拼合后基本完整。

修复情况：以麦漆复位黏合胎体，调制细漆灰刮填入裂口缝隙，生漆、黑漆勾填找平多次，水磨平滑后，以弁柄漆勾描缝隙处后上纯金粉，以生漆揩涂固金后完成修复。

清雍正 胭脂红釉碗

155 清咸丰 斗彩扇形盒

高3.2厘米 口宽6.7厘米 足宽7.5厘米

盒的造型为芭蕉扇形,颇具创意,当以模塑方式制胎。

盒盖中部伸出扇把,上挂红釉。盒顶扇面部位绘斗彩蝠纹及缠枝花纹,盖侧绘一周四叶小花。盒身侧四面中部分饰"吉""祥""如""意"四个斗彩花形字,字体间饰宝莲纹。

盒底双行青花楷书:"大清咸丰年制"。

残损状态:盒盖自盖把处断开,盒身断为两片,拼合后基本无缺。

修复情况:以麦漆复位黏合胎体,细漆灰刮填入缝隙初步补平,生漆、黑漆多道找平,打磨平滑后,以弁柄漆勾描裂隙及冲线部位后上纯金粉,生漆指涂固金后完成修复。

清咸丰 斗彩扇形盒

专论

Thesis

漆缮尽美：大漆在古陶瓷修缮中的工艺应用

1 陶瓷漆缮工艺的历史起源

1.1 陶瓷漆缮工艺的定义

用大漆作为黏合、填补、装饰材料修补破损的陶瓷器，是近年来国内漆工艺发展的一个重要分支。由于所用面饰材料以纯金、纯银为主，且此工艺兴盛于日本，因此通常参照日本工艺名"金缮い"（罗马拼音kintsugi），称之为"金缮"。近年来，随着利用大漆材料修缮高价值器物应用性研究的深入，在陶瓷破损处进行的表面装饰不仅仅局限于使用金粉、金箔，而是根据陶瓷的破损情况，灵活地使用诸如素髹、彰髹变涂、描金彩绘、镶嵌等各类漆艺技法进行，"金缮"之名已不足以概括，应替之以"漆缮"。随着时间的推移，漆缮工艺逐渐延伸到其他领域，如木器、金属、玉器、玻璃等材料的修复。

1.2 中国陶瓷修复工艺发展简史

最新考古发现资料信息显示，我国是最早发明陶器烧制工艺的国家，距今约18,000年前的江西仙人洞遗址就已有原始陶器出土。同时仙人洞遗址发掘文物也显示，先民在陶器的裂隙处覆泥重烧，从而恢复其使用功能。这不但证明陶器修复技术也最早出现于中国，也说明陶瓷器修复是与陶瓷生产、使用活动共生的一种工艺现象。其后的浙江余姚河姆渡遗址、江苏三星村遗址、内蒙古赤峰大山前遗址等新石器时代遗址中，陶瓷器修复实物遗存也多次出现。因此，陶瓷修复史是中国陶瓷史的一部分，是伴随陶瓷史的发展一同演进的。

1.2.1 锔瓷：偏重实用功能的陶瓷修复技术

先秦时期的文献中，对陶瓷烧造和使用中产生的各种瑕疵情况开始有了记载，《方言·卷六》"器破而未离谓之璺"，"璺"即指陶器上的裂纹瑕疵。《冬官考工记》记载："凡陶瓬之事，髺垦薛暴不入市。""髺垦薛暴"即先秦时期对陶器上的各种有碍使用功能的瑕缺所起的不同名称。由于古代生产力的限制，无论是陶还是瓷，制作起来都十分耗费人工物力，为了节省资源，人们开始研究如何恢复有瑕陶瓷的使用功能，于是"锔补"技术应运而生。新石器时代的人们就已经开始在破损陶器上打孔固定，来对器物加以修复。根据考古遗存显示，由于尚处石器时代，穿孔固定之物并非金属，而是以麻绳、皮绳一类有机质材料穿系（图1），因此出土物仅留下成对的穿系孔，有机质材料早已朽烂无存。

图1 新石器时代偏堡子文化附加堆纹陶罐
沈阳新乐遗址博物馆藏

南朝，梁顾野王《玉篇》中记载："锔，以铁敷物。"表明在南北朝时期，"锔补"技术就已产生了，而实物修复的技术只会较历史文献的记录发生得更早。

根据实物考古发现，唐代弘化公主墓中曾出土了一件带有锔钉的巩县窑白釉瓷壶（图2），因此最晚到唐代，锔补修复陶瓷的技术就已经比较成熟。弘化公主墓出土的这件巩县窑白釉瓷壶，是目前为止发现最早的带有锔钉的器物。此外，在唐代"锔补"这门手艺不限于用来修补陶瓷，更被用来为唐代极为发达的造镜业服务。为了增强铜镜镜面的白亮度，工匠们需要在材料配比中加入一定比例的铅和锡等金属形成铜合金，但这样一来，铜镜的脆度也随之变高，在日常生活中常易摔裂，需要修补，因此才会有所谓"破镜重圆"之说。唐代文献中记载了一位铜镜的锔匠，那就是诗人胡令能。胡令能（约785—826）是唐代贞元、元和年间人，《唐诗纪事》卷二十八收录了他四首诗作，并记载"令能，圃田隐者，少为洗镜镊钉之业"，[1]说他年少时以清洗铜镜和锔补铜镜为职业。日本正仓院就收藏有明治时代经过当地工匠锔补的几方唐镜（图3）。

图2 唐弘化公主墓出土带锔钉白釉瓷壶

锔补技术约在明代时传至日本。据日本江户时代著名的儒学家伊藤东涯所撰写的《马蝗绊茶瓯记》一文中记载，南宋孝宗淳熙年间（日本高仓天皇安元初年），日本武将平重盛向南宋京城临安（今杭州）的寺庙布施了大量黄金，寺庙住持佛照禅师便以一件龙泉窑青釉花口茶碗作为回礼赠予平重盛。几经流传，茶碗后为室町幕府第八代征夷大将军足利义政（1436—1490）所持有。茶碗在使用了二百年后，底部出现了裂痕，于是足利义政派遣使者至当时的明朝，希望能找工匠，再重新仿制一只同样的茶碗。但此时明朝匠人已无法再烧制出与南宋时期同样的青瓷釉色，于是便找来锔匠用铜钉对茶碗进行修补，并送回日本。足利义政看到修好的茶碗碗壁上的锔钉如同一只只蚂蟥一样吸附在茶碗表面，不由惊呼："蚂蟥蚂蟥"，并且大加赞赏锔瓷技艺的绝妙，从此该碗便被称为"马蝗绊"（图4），由于受到历代珍视且载有明文、流传有序，它也就成为世界上最为著名的锔补残器。

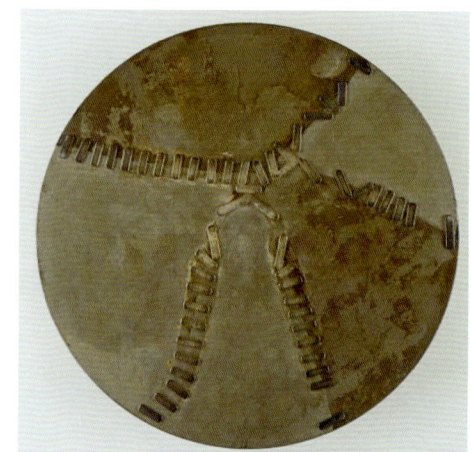

图3 日本正仓院北仓42-9号铜镜镜背

锔瓷技术主要为恢复日用陶瓷器的使用功能而创生，所追求的是修补费用经济廉价，即修补费用不能超出购买一只新器物的价格。因此，这种修补方法通常不会应用到珍贵价昂的器物上，在修复过程中为了穿绊，必然要在瓷器的表面钻孔，穿透胎体的孔洞对陶瓷器的本体产生了严重的二次损伤，在美观性和完整性上相对来说留有缺憾。二十世纪中后叶，锔补陶瓷这一职业仍然少量存在，直至工业化的陶瓷生产使日用器物的生产和更新彻底加速，普遍、易得、廉价的工业化陶瓷产品使日用瓷器的锔补成本显得过高，这种陶瓷修复技术才失去了实际的应用价值。

目前，锔补工艺作为一种传统性的非遗项目仍有活态传承，传承人群致力于在增强锔钉形态的装饰性方向上发展，使之呈现出日常实用器物功能性修复之外的另一种艺术美感。当代非遗匠人以锔补手艺修复一件日用瓷器的成本费用通常要大于新购一件的价格，而文物修复则一般不采用此种修复方法。当代锔瓷艺术追求的是一种往日勤俭朴素生活的追忆情怀，受众人群投射独特的个性化审美观于其上。

1.2.2 黏合与补缺：破损陶瓷外观的无损修复

与锔补工艺并行于世的传统陶瓷修复技术，是以沥青、油灰等油膏状黏合剂接补陶瓷破裂处和补缺肉的技法。这种技法同样起源很早，且对已经破损的陶瓷器本体不会造成二次损伤，属于今人所谓"无损修复"的范畴。

图4 "马蝗绊"龙泉窑青瓷碗

宋人孙升《孙公谈圃》提及当时富室王青的发家史："王青未遇时，贫甚，有人告曰：'何不卖脂灰，令人家补墼器。'青如其言，家赀遂丰。"[2]所谓脂灰，就是石灰与油脂相和成为油灰，可用来粘补陶瓷缺损。南宋周密《志雅堂杂钞》记载："酒醋缸有裂缝者，可先用竹篾定，却于烈日中晒，令十分干，仍用炽炭烧缝上令极热却，以好沥青末糁缝处令融液入缝内令满，更用火略烘涂开，永不渗漏，胜于油灰多矣。"[3]是用沥青干末先充填陶瓷裂缝和缺损处，再以沥青融液渗入沥青末中，烘烤后令沥青融为一体，填补空缝，从而使空洞填实、黏结紧密，重新恢复使用功能。由此看来，用油灰和沥青修补瓷器都是在宋代才开始发展普及，二者的原理相同，都是一方面利用材料本身的黏性来做黏合剂，一方面利用材料凝固结实后是较坚硬的实体，用来补充陶瓷破损后缺失的部分。其中沥青的黏性相当强，可以用来修补"酒醋缸"一类大型的厚胎陶瓷器。

到了明代，破损陶瓷的黏合技艺又进一步发展。如元末明初流传至今的一本杂著《墨娥小录》"粘碗盏"条云："未蒸熟面筋入筛净石灰些少，杵百数下，忽然化开如水，以之粘定、缚牢，阴干。自不脱，胜如钉钳，但不可水内久浸。"同书又云："糯米粥和鸡子清，研极胶粘，入粉少许，再研，以粘瓷损处，亦固"。[4]此处之粉应指石灰，再如明代崇祯时期方以智《物理小识》"粘磁器"条又云："白芨石灰为末，用鸡子白调匀，碎处缚定待干，但不可见鸡汤。"[5]

这些记载中所共通的一点，是利用诸如鸡蛋清、熟糯米汁、白芨等各种带有黏性的物质与干后坚硬的填料物质如生面筋、石灰粉相兑合，起到黏接断裂和填充缺失胎体的作用，这一类方法，显然比沥青材料更为细洁，属于自宋代以来的传统黏合剂"脂灰"一类，似乎与沥青相比更适合用来修补精细的小型器物。但由于古代胶黏剂含多用动植物有机原料，这类修补方法往往有不能久浸于水的缺陷。因此它们在修补日用瓷器时也往往与锔补工艺相互配合来发挥作用。

明代人修复珍贵的宋元古瓷时，针对不同窑口器物，有不同的黏合剂配方。《墨娥小录》记载，粘接定窑瓷器破片时，黏合剂是用"楮树汁、浓涂破处"，同书"粘官窑器皿条"又指出："用鸡子清匀糁石灰，捉清另放，以青竹烧取竹沥，将鸡子清与竹沥对停，熬和成膏，粘官瓷破处，用绳缚紧，放汤内，煮一二沸，置阴处。三五日，去绳索，其牢固异常，且无损痕"。[6]这是因为宋代官窑器胎体较厚，则需要调制特殊的脂灰，并进行加热处理。值得注意的是，这里专门提到的"牢固异常，且无损痕"，说明珍贵的官窑残瓷器在黏合紧密后，不但无需再用锔钉加固，而且其外观不易看出破损，尽量保证了外观的完整性，毕竟这些珍贵瓷器的实用价值已经让位于观赏和收藏价值了。

清代时，陶瓷破片的黏合剂除通用于明代的数种配方仍在应用外，还常用重新入窑烧结的方式黏接瓷器破片，如乾隆四十年(1775)太监胡世杰交去造办处一件青花白地三足朝冠耳鼎炉（炉腿两截），并传旨"交全德家人带往江西，想法将炉腿烧好送来，如不能，照样烧造一件。钦此。"[7]从文字内容分析，送往景德镇入窑为高温重烧，过程中有一定的失败概率，可能将原件完全损毁，因此皇帝才有如有失败，照样重做的命令。

清代文献中还出现了新的黏合及补缺材料的记载。乾隆三十五年（1770），太监胡世杰交给造办处一件哥窑胆瓶，并传旨云："将瓶底足缺处用紫胶补好"。紫胶即虫胶，是一种名为紫胶虫的昆虫自身分泌物提取而来的脂质，在冷却时是固体，经加热后会溶为有黏合力的胶液，可以作为黏合剂接合断裂的破片，并且在未完全干固时可塑形，成为干固后硬结的补肉材料。因其有良好的绝缘和防潮效果，作为陶瓷黏合剂和补缺实体使用时，较其他材料更为稳定。清代出现的另一种常用材料是蜡胶，如乾隆六年（1741），"司库刘山久、白世秀来说太监高玉等交哥窑胆瓶一件，足破。传旨：着将破处补蜡。钦此。"[8]在实际操作中，蜡质失之于软，温度稍高即不能耐受而产生形变，据当代对故宫博物院藏清宫旧藏瓷器蜡补材料进行的科学分析，文献记载的"蜡补"实为"蜡胶补"，其黏合或补配的蜡胶质成分为松香和蜂蜡，配比比例约为1.5∶1。

1.2.3 补色与金银扣：珍瓷的外观复原和加饰工艺

明代还出现了黏接后补色的工艺，对陶瓷修复后的美观有了更明确的追求。明人宋诩《竹屿山房杂部》卷七燕闲部指出："粘窑器罅处，补石药粘之，又以白蜡镕化和定粉，加减颜色饰之。"[9]通过白蜡、定粉、颜料相互调合作为补色剂来美化瓷器的断裂缺损部位，尽量使之与原器完好部位的色泽相一致，以期使人不易看出原物有损，是一种新的陶瓷修复工艺追求。明人周晖撰《金陵琐事》记载了时人对瓷器补色的目视感受："余一日见外进宋瓷碗，偶持之，见着手处微软，匠人言此处系修补不可持，恐致脱，细视磁色青润无稍异，亦了无痕迹，工匠之巧若此。"[10]从着手处微软来看，周晖所见的这件宋瓷外部补色工艺的介质应该也使用了蜡质材料，这种外观修复手法因蜡质材料的天然性质，使之绝不复有实用性，但补色工艺精细，因此修缮对象是特定的具备观赏和收藏价值的珍贵器物。

到了清代乾隆时期，乾隆皇帝对陶瓷鉴赏极具热情。他的父亲雍正皇帝对于皇宫内府藏瓷修复通常只是下旨："着黏补收拾"或"着收拾好"，并不加具体的指示要求。乾隆皇帝对宫内收藏的有瑕有损前代古瓷器，下旨维修时，往往附有明确的具体方案要求。例如《内务府造办处各作成做活计清档》记载，乾隆三十四年(1769)正月初六日，"太监胡世杰交哥窑四方瓶一件（里外缺釉，系养心殿库贮，三等），钧釉大碗一件（底上缺釉）。奉旨：着交九江关监督，将瓶碗上缺釉处，照样托火补釉，得时送来。"[11]从这里的记录可知，部分釉面缺损的瓷器，按清宫的要求，须送交景德镇，重新补釉过火复烧，以期其修成质色与原作融为一体，尽量恢复外观的完整性。不过，也并非所有乾隆时代的清宫补瓷都须要过火重烧，根据乾隆十三年（1748）五月的一条记载："司库白世秀来说太监胡世杰交官窑三足炉一件。传旨：着郎世宁按破处找补颜色。钦此。"[12]因此，这件清宫藏瓷的修补是在京内，由宫廷画家郎世宁对缺失釉面和图案进行描补修色，由于条件限制，很可能仅采用低温烘焙固色，甚至并不进行过火程序。

在器物的口沿部位镶装金银铜等金属，始于战汉时期漆器装饰工艺，其初始目的是对圈木薄胎漆器的结构性补强。其后随着工艺发展，约至唐代时将之移植于瓷器的装饰上，现存最早的瓷器金银扣工艺，见于法门寺出土的金银平脱秘色瓷碗及浙江临安唐代水丘氏墓出土的白瓷（图5）。其后在宋代景德镇影青瓷、定窑白瓷等薄胎瓷器上，金银扣工艺得到了大量应用。究其原因，是因为这些器物类型多采用装匣覆烧工艺烧成，口沿部位不施釉，烧成后形成"芒口"，不利于日常使用，在芒口上包镶金银等金属，一方面补强原始的薄胎结构，另一方面便于日用。

图5 唐"新官"款扣银云龙连托白瓷把杯

对于陶瓷口沿或底足部位出现的破损，以金银扣包镶，使之不但恢复使用功能，而且别具富丽气息，属于一种修复和加饰结合的修复改装工艺，在清代宫廷高档陶瓷器的修复中也得到广泛的应用。如乾隆十九年（1754年），《造办处活计档》记载"员外郎白世秀将哥窑洗一件（口破、随木座），…奉旨：将哥窑洗破口磨些，另镶铜烧古口。钦此。"[13]即指器物口沿有损时，乾隆下旨要求将口沿整圈磨低，并做金属扣工艺补强结构、掩饰断口（图6）、清宫造办处的记录和现存的清宫旧藏修复瓷器中，金银扣包镶工艺得到广泛的应用，这种审美还溢出于基层社会，成为富室大户修复装饰瓷口沿破损瓷器的常用手法。

传统陶瓷修复中的金银扣工艺常施于器口、器足、扳、流口等部位，从工艺细节来看，它的先施工序往往包括截足、磨平断口等等对原器本体的改造，因此，和传统锔瓷工艺一样，属于一种典型的有损修复。

图6 吉林省博物馆藏宋汝窑水仙盆

图7 南京博物院藏漆绘陶壶 常州寺墩遗址出土

图8 法门寺地宫出土唐金银平脱秘色瓷碗的保藏状态

1.3 陶瓷漆缮工艺的起源与发展

1.3.1 漆陶结合的工艺历史

漆与陶瓷结合于一件器物之上，用漆艺装饰为陶瓷器本体增色的工艺，目前的最早发现始于新石器时期良渚文化（图7），在西周、春秋战国乃至秦汉的考古发现中，漆陶结合的工艺也一直得到应用。陶质的本体疏松透水，漆在陶器表面可以有较好的附着力，满足了人们对日用器物的彩绘装饰需求。以越窑为代表的青瓷工艺成熟以后，烧成瓷器的釉面光滑莹润，与漆的结合度不如陶器紧密，且瓷器表面的各种剔刻、划花、彩釉装饰技术日益发展，陶瓷器与漆的结合应用便逐渐失去了必要性。但在唐代，代表性的漆装饰工艺"金银平脱"受到上层社会的特殊追捧，陕西西安法门寺地宫的考古发掘中，出土过两只"糅漆金银平脱黄釉秘色瓷碗"，就是我国古代大漆与瓷器结合的复合工艺应用的回光返照。金银平脱秘色瓷碗在黄色釉面上以漆灰打底，并在灰内加入有机纤维絮状物补强，以使漆面与瓷器釉面能更好的结合，但在博物馆保藏的数十年间，目前仍然出现了开裂、起翘、空鼓等典型的"漆病"（图8），其状态远没有新石器时代漆绘陶器那么稳定。这也正是唐代以后漆瓷装饰工艺结合之路少有人涉及的原因所在。

漆缮工艺作为一种历史悠久的修复技术，起源于以漆作为黏合材料的工艺历史。《庄子·骈拇》云："连连如胶漆"，漆的黏性，在先秦时期随着大漆作为木家具的涂装防腐材料时起，早已为大众所认识。宋杜绾《云林石谱》记载："以细碎诸石胶漆粘缀，取巧为盆山"[14]，宋代人制作假山石盆景时，以胶漆粘缀碎石，堆垒而为假山盆景，这是历史文献中以漆为黏合剂拼合异质材料的较早记载。

以天然漆的自然属性来判断，漆木器表面装饰工艺中的异质材料镶嵌如金银、螺钿、玉石常用漆作黏合剂，漆木器残旧、剥损以后，可以用漆来修缮。在我国最早的漆工专著，明代黄成《髹饰录》一书中，将修缮漆器的工艺称之为补缀，"补"指补缺与面饰，"缀"指粘贴。因此，用漆来修复皇室贵族或富室所用的珍贵瓷器，以重现其完美的外观，甚至利用漆饰工艺来为之增色，也是一种自然而然的工艺发展。

瓷釉光滑、吸水性低，因此漆并不是一种适用于瓷器釉面上的装饰材料，但当瓷器破损露胎，瓷器素胎与漆的结合度就好得多，恰好可以以漆为胶，作为黏合破片之用，而用面粉、瓦灰与生漆调成的漆灰填充料，恰好可以作补缺塑形之用。《髹饰录》中记载的用来修补漆器的"补缀"工艺，发展到瓷器当中，也就成了自然而然的工艺发展。

1.3.2 古代陶瓷漆缮工艺的创生和发展

由于我国古代对工艺技术发展史的记录远不像对社会史、政治史那么重视，陶瓷漆缮工艺究竟有没有在中古以后的中国创生并引领周边国家的发展潮流，目前所见的历史文献似乎完全没有记载。并且，由于漆缮并非伴随着陶瓷器物本体的烧成时间而附着于其上，而是在后代甚至后朝，随着器物的破损而进行的装饰性修复，因此不能根据漆缮器物的本体朝代来臆断漆缮工艺发生的时间。

目前可以肯定的数件古代陶漆缮作品，都晚至盛清时期。一例如乾隆时期宫廷图册《燾功彰色》（绘于1756—1757年）中著录的"汝窑舟形笔洗"（图9），其实物即目前英国大维德基金会收藏的"北宋汝窑天青釉椭圆洗"。器物本体的创作时间是宋代，然而它带有漆缮修复痕迹的明确记录时间下限是1757年，这也就成为我国国内出现陶瓷金缮工艺的时间下限。

台北故宫博物院收藏的一件明宣德青花四季花果葵瓣口碗（编号:故瓷003071）是另一件曾经进行过金缮修复的传世古瓷（图10）。与现藏大维德基金会的汝窑椭圆洗一样，这件古瓷也因为口沿处有磕碰而进行了金缮小修，然而台北故宫博物院的藏品记录中，仅显示这件藏品出自清宫旧藏，却并没有这件藏品的修复记录，因此它比《燾功彰色》所载"汝窑舟形笔洗"更难确考其修复时间。

并且，从这两件实物证据来看，在清中期的宫廷中，除了前述诸种传统陶瓷修复技术的应用，金缮技术也在小范围的实施，目前并没有证据证明在清代时，大漆在修缮瓷器时用于作为黏合破片的胶黏剂，但对于口沿的小缺进行漆灰料填充和用金修饰外观的技法确实已经在十八世纪的中国存在着。

在日本，陶瓷漆缮工艺修复技术的文献和实物记录都要早于中国。值得注意的是，在以漆为黏合剂来黏合陶瓷破片方面，日本的记载最早始于镰仓时代（1185—1333）的考古发现，但这一时期尚未在破片之处再做加饰，漆的作用仅是黏合剂。及至十七世纪的江户时代初期，随着茶道、花道的日益风行，时人对珍瓷的鉴赏热情高涨。著名的如先后被足利义满、丰臣秀吉、德川家康收藏的"付藻茄子"（图11），在1615年大阪城失火时裂损严重，漆工藤重藤元父子加以修复，开了以漆艺修复陶器的先河。今天保存在东京静嘉堂的付藻茄子在X光透视下可以看到清晰的漆粘痕迹，且全器表面被髹漆仿制出流釉的天然肌理，呈现出如同瓷釉一般光泽的质感。

陶瓷漆缮工艺在日本的江户时代初期发展起来，继在破损陶器拼合起来的外部整体髹漆的漆缮加饰方法之后，进一步流行起来的另一种装饰性修复方法，被称为"呼继"。除以漆为黏合剂和器表装饰材料之外，更明显的特征是以其他残瓷的破片移植到待修复件上，使二物融为一体。最早异体材料的加入也在江户时代，可以追考到一件日本濑户烧陶杯和十七世纪晚期中国明代古瓷残片的"呼继"修缮作品（图12），陶器粗粝的质感与青花瓷的色彩光泽形成对比，以黑漆为界，将二者整合为一件可继续使用的完整器，形成一种独特的残缺美感，也由此陶瓷漆缮工艺走上了个性化艺术创作和为本体增色的审美新道路。日本甚至有文献记载，为追求陶瓷品的残缺之美，在十八至十九世纪的日本甚至不乏有人特意打破陶瓷器，并将漆缮修补后的残器视为比原品更为符合美学理想的存在物，这一观念在日本的上层茶道界流传，逐渐也使日本产生出了对漆缮修复工艺既精益求精，又有意通过漆缮来追求陶瓷残缺之美的一种独特东方审美情趣。

根据文献及实物证据表明，以天然漆（包括生漆、麦漆、漆灰）作为残破陶瓷器黏合、补缺材料的工艺，在日本流行的时间应当是早于中国的。在十七到十八世纪，日本流行的主流陶瓷漆缮方法，是以大漆黏合破片并填补缺失胎体以后，一种方法是在整器（多为陶器）外部髹漆，其二则是通过漆材料为介质，用其他器物上的陶瓷破片补入破损陶瓷本体的"呼继"工艺。究竟在何时，漆缮陶瓷的主流工艺发展为"金缮"（日本称之为"金缮い"或"金継ぎ"），也就是在漆地上附着金、银等贵金属箔或粉末的漆缮加饰工艺，即便在日本也是难于确考的。至今可以上推的最早时间，处于十八世纪中晚期，实物证据是著名的日本茶道名品"云山肩冲"（图13），其流传记录显示进行漆补并加金缮装饰可能的年代下限是1784年，[15]甚至要远远晚于乾隆宫廷文献《燾功彰色》对"汝窑舟形笔洗"的著录时间下限1757年。

图9《燾功彰色》汝窑舟形笔洗图绘

图10 台北故宫博物院藏
明宣德青花四季花果葵瓣口碗

图11 静嘉堂藏付藻茄子及其X光照片

图12 濑户烧褐釉筒形茶碗

图13 云山肩冲

图14 雅昌艺术网"日本金缮艺术展"展品

尽管金缮的始创年代和地点在中日两国的历史文献中记载都很稀少，存世品的真实修缮年代大多更是难以确考。但不可否认的是，与我国十八世纪的少量记载相比，同时期的日本存在更多地以大漆修缮古陶瓷工艺的流行证据，金缮更是在二十世纪后成为日本陶瓷大漆修缮工艺的主流（图14）。时至今日，以金缮为代表的陶瓷漆缮的审美价值，已为东亚地区乃至全世界所广泛接受，在不足的历史证据下争论金缮起源于何处，属于无准确证据之下的徒劳之争，无益于工艺的发展进步。充分应用大漆工艺的天然材料特性，在恢复破损陶瓷器基本外观的基础上，使用金缮为代表的种种漆艺加饰技法为之增色，使新的审美价值与古瓷残片所携带的历史信息相映增辉，方是本次大漆修缮工艺在古瓷遗存残件修复中的应用研究的中心议题。

2 陶瓷漆缮工艺的基础工艺流程

随着科技和文化传播力量的推动，陶瓷漆缮不仅在持续传承和发展，在艺术表现形式上也不断创新。日本从十九世纪五十年代开始，已着手建立规范的金缮师专业规范，已形成了专业培训和考核制度。我国的大漆陶瓷修缮工艺自二十一世纪以来逐渐受到重视，成为与传统古瓷修缮工艺在文博考古陈列修复、民间日用锔补修复三足并立的重要古瓷修复方案选项。

在熟练的漆缮师手中，工艺流程常是灵活变通的。根据情况需要，可以在陶瓷大漆修复作业中反复调整修复方案，但所有的变通处理，都必须建立在对基本工艺流程的了解之上。选择恰当的材料、工具，掌握漆缮工艺的流程规范，是走上专业道路的基本素质要求。陶瓷漆缮和其它大漆艺术分支门类一样，都存在由内至外、层层渐进的工艺特质，具备扎实的基本功，可以避免返工甚至毁伤文物之忧。

2.1 陶瓷漆缮工艺的前期准备

2.1.1 常用工具准备

陶瓷漆缮工艺的常用工具基本与一般大漆工艺所需工具相近，可分为如下几类：

1. 调漆器皿

刮板，通常以牛角、竹木、塑料制成，带有一定的弹性，用来调制漆料、灰料等。用于刮填陶瓷破片间孔洞缝隙时，通常使用自制的竹木小刮刀，前端修磨为带有平角、斜角、圆角的薄片状，宽0.5~1.5cm，便于局部施力将漆灰填入破片缝隙。

调漆板，通常以光面玻璃、陶瓷等硬质不透水材料制作，单次漆缮所用漆料通常较少，尺寸约15cm×15cm即可，通常备有3~5片。

滤漆纸、滤漆架，用于过滤漆料。

盛漆容器，通常使用瓷或玻璃制小碗、碟即可。对生漆、黑漆这类使用量较大的漆料，也可在精滤后装入牙膏软管、饲喂用注射器等容器中，方便随用随取。

2. 描漆笔刷

平刷，在缺肉补缺的面上涂漆使用，通常宽度在0.4～2cm的人发刷、动物毛平刷、水粉画用小平刷皆可。

勾线笔，为依陶瓷缝隙走向描绘出相应较细、带有弹性的线条，对勾线笔的质量要求较高，通常应用聚锋好，腰力强的动物毛勾线笔。

3. 修形、研磨工具

牙科倒模蜡片，用于缺肉部位的辅助塑形。

雕刻刀、小锉刀，用于修整补缺处的形态。

砂纸、研磨用木炭，用于漆面研磨。

雕刻针，用于调整金缮上金部位的线条外形。

4. 上金工具

丝绵球、圆头羊毛刷或圆头软毛小化妆笔，用来扫开金银消粉。

不同目数芦管制粉筒，用于播撒金银丸粉。

不同目数竹制箔筛，用于播撒金属箔碎。

硬质毛笔，用于将金属箔捣碎。

5. 垫台类工具

软质毛巾，垫于瓷器下方，在打磨时吸水，且能防止器物在硬桌面上滑动磨损。

小垫台，以宝丽龙泡沫块修成大小不一的垫台，用于固定修缮不同大小形态的器物。

6. 固定类工具

纸胶带、透明胶带，用于陶瓷破片的拼合定位、区域隔离以及黏合固定。

热熔胶枪及胶条，用于陶瓷破片的黏合固定。

7. 防护类工具

医用外科手套、一次性医用口罩、3M6001防毒面具等。

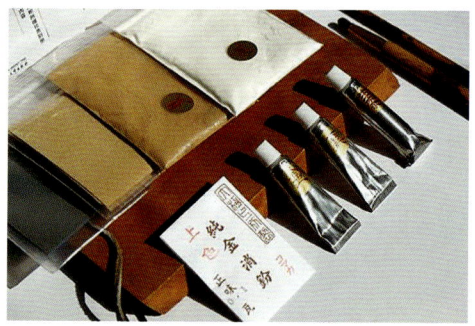

图15 陶瓷漆缮基础材料

2.1.2 基础材料准备(图15)

1. 漆料

包括优质精滤生漆、黑推光漆、色推光漆、弁柄漆、金脚漆、梨子地漆、揩清漆等。

2. 胎骨填充材料

包括金属丝、麻布、瓦灰、瓷粉、砥粉、赤雾粉、黄雾粉、糯米粉、环氧树脂AB组胶剂等。

3. 装饰材料

金属材料，金银铜铝锡质的片、箔、消粉、丸粉、梨子地粉等。

其他镶嵌材料，蛋壳、螺钿、骨角玉石等。

变涂起纹材料，松针、干荷叶、大米、油菜籽等。

2.1.3 修复对象评估和修复方案拟定

1. 观察破损情况

根据观察归类，陶瓷器的损伤情况主要有如下几类，在大部分情况下，一件陶瓷残件会包含一种以上的破损情况：

冲线，器物受外力冲击后产生裂痕，但并未完全裂开。

磕损，器物口沿、底足等末端薄弱部位有小片缺损。

破碎，器物被打碎，裂为两半以上的多片。

缺肉，器物被打碎，拼合破片后发现有部分残片缺失。

缺釉，器物在被打碎时，破片拼合后胎体完整，但表面釉质因崩裂造成缺损；或器物在烧制过程中出现的缩釉类窑病。

部件缺失，器物的足、耳、柄、流等部位全部或部分缺失。

2. 制定修复方案和建立工作笔记

根据器物的破损情况，制定出相应的修复方案，是在着手修复一件陶瓷残件之前首先应该做到的。专业陶瓷漆缮人员在着手工作时，更应养成良好的工作习惯，从一件器物的修复方案制定，到每道工序的开始和完成日期都应做到有序记录。（图16）

图16 制定修复方案

2.2 陶瓷漆缮胎体修复工艺

2.2.1 残件清理

图17 拆解清洗后的陶瓷残件

通常说来，破损的古陶瓷在正式进行大漆修缮之前，首先要对破损的原始拼合件加以拆解。为了使破损件的各个残片部件不至于因保管不善二次散失，它们通常会经由502胶、环氧树脂胶、石膏等材料简单的拼装在一起。拆解作业主要是通过浸泡于化学试剂丙酮中，使各种胶剂产生化学反应自然脱解。如果曾经过锔补修复，则需要小心用金工工具取下锔钉，并用丙酮除去锔钉（多为铜质）长期氧化在瓷器胎釉上形成的侵蚀痕迹。由于丙酮溶液带有毒性，在进行浸泡、刷洗、擦拭陶瓷残件等清理操作时，应选择通风条件良好、能单独隔离的空间，操作者应佩戴3M6001级别以上滤芯的防毒面具进行作业。

从丙酮溶液中取出拆解开的残件后，先在流水下以小牙刷小心刷洗去破片断口上残留的胶剂、脏污，将水洗后的破片平铺在平整的台面上晾干（图17）。晾干后的陶瓷残片需要进一步进行清污处理，通过目视检查，用小刀轻轻刮去断片截面上的残余胶剂等杂质。

对于残器带有泥沙、水土沁的情况，则应以清水浸泡后，用软毛刷刷去固结的异质残留。对深入釉质层甚至胎骨层水土沁的处理方式，本文认为保留历史信息为宜。

针对当代日用瓷器的大漆修缮，还需以小锉刀，将过于锋利的陶瓷断面边缘适当修整和磨钝，这样做的原因一是增加后序进行面饰工艺时推光漆与釉面的接触面积，确保装饰线条的牢固度，其二是确保破片之间的紧密相合。针对如本次研究所进行的古陶瓷残件修复时，由于多数古陶瓷断裂口并非新伤，断片之间的接缝已经在长时间的自然磨损下不再锋利，所以基本无需进行断口锉钝的处理工序。考虑到古陶瓷的珍贵价值，在修复时应该尽量少产生原物的二次磨损伤害，因此，如果在修复时遇到新近不慎破损的古代陶瓷珍物，依然建议不对断口进行锉钝的处理，而是在进行到面饰工艺时，在第一道生漆描饰断片拼缝之后，通过120摄氏度中低温烘烤处理20~40分钟，即可确保大漆在光滑釉面上紧紧抓牢，修缮成果即能经历较长时间、四季温度变化的考验。

清理残胶和污损后，还需将修复对象进行初步拼合对位，以单面胶带固定（图18），对全器状态进行整体观察，这道工序既便于修缮方案的制定，也便于有条不紊地进行残片的黏合工艺。

2.2.2 断片黏合

图18 整器拼合观察

在正式黏合之前，应将器物未挂釉露胎的部位，如圈足、口沿等处用纸胶带贴覆，防止露胎部位吸漆而变色，影响器物外表的整洁美观。

如果断片较大，拼合后器物基本完整，则在这一步工序中可以一次性黏合整器。如果碎片较多，可在前述工序拼合观察中进行标签编号，分组拼合成大片后再整体拼合。如果拼合后局部区域有缺肉，且缺肉区域在整器黏合后人手难以探入内部操作，则应该视情况先分区域黏合，在补上缺肉后再行整器黏合。

通常来说，黏合的工序是通过"麦漆"来进行的。所谓麦漆，是以天然优质生漆和小麦粉调和炼制的天然黏合剂。调制方法是：取中筋面粉，少量多次慢慢加水混合，用调漆刮板揉搓调匀为面团，软硬度与人的耳垂相近；接着少量多次加入生漆，最终所加入生漆量略大于面团，使用调漆刮板反复调和，直至使用刮板挑起时能拉起10cm以上的稠丝，"麦漆"就调制好了（图19）。

图19 调制麦漆

使用自制的竹、木扁头小棒挑起麦漆，均匀地涂抹在陶瓷断片的截面上，一片片的按顺序依次拼合破片（图20）。在拼合断片时手要用一点力使它们紧密结合，这时多余的麦漆会被挤出，随时以沾有酒精的纸巾、棉签拭去即可。这样做的原因是，防止缝隙间的麦漆堆起厚度，造成破片间对位的误差，在一些碎裂严重器物的拼接黏合中，这会导致整器黏合的形态失误。

断片黏合的过程中，要随着进度同时进行定位固定工作，在过去，主要是依靠纸胶带、透明胶带在破片的正反两面分别固定，全器黏合后，还需要借助皮绳、橡皮筋等工具整体缠固。近年来，热熔胶枪成为陶瓷漆缮黏合工序中固定断片的利器，只需要在黏合定位好后将热熔胶挤在横跨两个断片缝隙的部位进行多点固定，既不妨碍黏合处的空气流通，在拆除热熔胶时也不会留下任何胶剂残留（图21）。但要注意的是，热熔胶在釉面上有一定的吸附力，在一些釉面因水土浸蚀而受损的陶瓷上，或古代低温彩料和斗彩部位，拆除热熔胶时很有可能会同时使脆弱的釉面或彩料受到破坏，因此对一些保存状态比较差的破损古陶瓷，并不适宜用热熔胶定位法进行黏合修复。

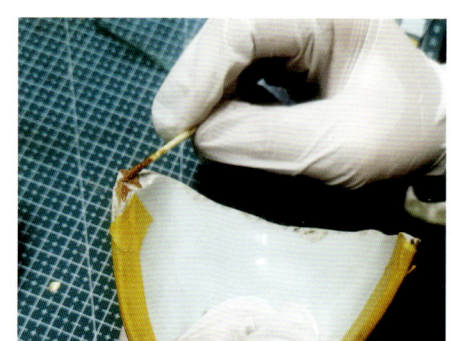

图20 断片黏合

断片黏合后根据陶瓷器的厚度，至少要等待7~15天才能使裂缝内部的麦漆完全干透，但3~5天后黏合部位已在麦漆的作用下固定了，这时就可以取下热熔胶，进行后续的补缺肉工艺了。

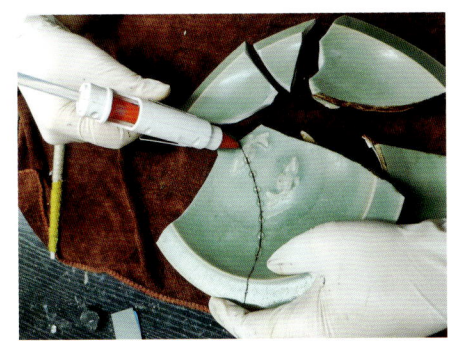

图21 热熔胶对位固定

图22 固定倒模蜡片

图23 刻苎漆补小缺损

图24 刻苎漆补中等程度缺损

2.2.3 补缺

拆除用来定位的热熔胶和胶带,并用酒精、不干性油(煤油、樟脑油等)再次去除陶瓷表面的残留漆痕后,就可以进行补缺工序了。

陶瓷在破损后往往会因为破片部分遗失而造成缺损的存在,通常补缺工序,都需要利用牙科塑形蜡片来进行,牙科塑形蜡片分为普通和夏用两类,为避免取模时变形,通常应用夏用牙科蜡片来进行取模。从与缺肉部位相应的完整部位取模,首先剪下适合大小的蜡片,通过吹风机将之软化,贴附在取模部位,通过指压使之完全与器物形态贴合,待冷却后取下,再移附于缺损部位,以美纹纸胶带、橡皮筋等工具固定后,即可开始补缺工艺(图22)。

根据不同的缺损情况,修复也会有几种方案可供选择:

1. 小缺的漆灰料修复

这类小缺的修复最为简单,通常使用面粉、木粉、棉絮与生漆调和而成的"刻苎漆"或瓦灰调和生漆作为填料,将之刮填入缺损处,如器物有一定厚度,可分多次进行,由于有蜡模的托底而缺失部位又较小,手工塑造形态相对容易。对于釉面有水、土沁等侵蚀伤病的陶瓷器,在补缺刮填时最好用美纹纸胶带对破片周围的釉面进行封护处理,以免漆液被器表吸收而产生深色的污痕,破坏器物的原始美感(图23)。

漆灰料干固后需要仔细观察,如仍与原器胎体有较大落差,可重复填灰修复步骤数次,干后并经生漆固灰一道,水磨平滑,即可进入下一道工序。

2. 中等程度缺损的漆灰料修复

对于中等程度缺损的漆灰料修复,一般也是通过刻苎漆或瓦灰来进行的。将调制好的漆灰料填入缺损处,如修复件厚度较薄,则一次填满即可入荫房待干。如原件胎体厚度较厚,则需分多次进行,且中部还需加裱一层或多层薄棉布或细麻布作为补胎的筋骨。首先将漆灰料填至约原件厚度的小半时即止,接着将裁剪好的适合缺肉形态的麻布贴于补缺处,继续刮填漆灰料,如胎体较厚,填充漆灰料及布的工序可分数次进行,直至与修复件胎体基本齐平,待干后即可开始打磨(图24)。

3. 较大面积缺损的漆灰料修复

对于较大面积缺肉的修复,可以算得上陶瓷漆缮工艺中最难把握的部分。由于缺失面积大,仅仅依靠灰料和裱布的填充不足以保证补缺处的稳固,通常这类情况的漆缮补缺需要在断片的截面上以电动牙机钻孔,在孔中插入竹丝或铁、铜等金属丝作为骨架(图25),再在其上依次填灰料、夹层裱布(图26),这种方法由于需要在骨架制作时对形态的理解十分准确,在填充、打磨灰料时也需要反复修正形态,修复工艺耗时较长,是传统金缮修复工艺中必须谨慎处理的重要内容。

打磨初步填实的漆灰料补缺的胎体时,以800目水砂纸打磨内外至基本平滑无明显起伏,在打磨至陶瓷釉面与补缺部位交界处时,要小心操作,不可使砂纸与釉面相摩擦,破坏原器的外观美感。由于填料所用刻苎漆或漆瓦灰表面都带有一定的孔隙,在打磨后,还要再上一层细灰调和生漆制成的"錆漆",通常使用细瓦灰或日本产赤雾粉、黄雾粉,生漆与灰的比例约为1:0.8,调制到漆灰呈发亮的糊状即可以笔刷上灰,其后再经打磨,如仍未达满意状态,敷细灰工序也要反复多道,直至打磨平整光滑为止。

4. 中大面积缺损的环氧树脂塑形填料修复

使用环氧树脂作为塑形填料进行陶瓷器的造型修复，在陶瓷考古修复中经常用到。近年来，由于环氧树脂优秀的塑形能力和稳定的化学性质，这种材料也开始被引用到陶瓷漆缮工艺之中（图27）。

传统漆灰填料补缺工艺，除了成型速度较慢、制作骨架、等待漆灰、布层干透以及反复的修型打磨均需耗费大量时间以外，更大的工艺缺陷在于补缺部位干透后极为坚硬。在种种需要再次拆解修复件的情况下，只能借助金属、电动工具，施加外力进行，实际操作上很难保证原器物不受到损伤，以至于这种修复方案几乎是不可逆的，难以为将来可能的更新修复方案预留工艺空间。在制作骨架的工艺中，牙机打孔已经不可避免地对陶瓷残件的胎体造成二次伤害，在一些胎体较薄或胎体比较疏松脆弱的珍贵瓷器修缮时，电动牙机打孔一时不慎，还极易造成残片的横向裂解，造成难以收拾的局面。本次修复的古代陶瓷残件中，许多明清瓷器胎体极为轻薄（图28），传统漆艺补缺法制作金属骨架或裱布进行修补完全不适用，因此主要选用的补胎材料为环氧树脂塑形填料，这种可逆性的修复方案，也为将来进一步完善珍贵古瓷残件标本的修复预留下了较大的工艺空间。

环氧树脂胶塑形补缺属于一种典型的可逆性修复，在更新修复方案，或器物再次受损等原因下，需要拆解陶瓷时，只需磨去表面的金缮等装饰工艺，将带有环氧树脂塑形胶的部位浸入丙酮溶液，即可使之无损拆解还原，重新进行更新修复。

在利用环氧树脂胶补缺塑形时，借助牙科倒模蜡片的辅助，可以用它很快的捏塑出缺失的陶瓷形态，等待数小时即可干透取下蜡片。干透后的环氧树脂化学性质稳定，在常温下不易发生涨缩形变、外部可施加涂料及彩绘。尤其在一些较大的缺损部位，缺失面积大于单片牙科蜡片的面积时，可以比较方便地用接塑法，分次塑形（图29）。在整体形态初步捏塑完成后，对环氧树脂填充部位的修形主要通过小刮刀、雕刻刀和砂纸来进行（图30），相对来说较为容易。对于填充形态不满意的情况，可以酌情进行减材和增材处理。

环氧树脂胎体修整完成后，需先以稀生漆一至两道刷涂于补缺面，增加漆材料与环氧树脂材料的结合牢度。其后再调制细漆灰"锖漆"，均匀刷涂于补缺处表面。待干后再经砂纸打磨，如仍未达满意状态，敏细灰工序也可以反复多道，直至打磨平整光滑为止。

2.2.4 补敏填缝

补敏填缝工艺可与补缺肉后的上锖漆工艺同步进行。由于陶瓷在受损裂解时，釉面难以避免的会产生崩损，因此在黏合断片工序完成后，需要以锖漆补敏填缝。这一工序所用锖漆需要调得略干一些，便于以小刮刀稍用力地刮填入缝，干后经过打磨和仔细观察，缝隙表面如未完全平整，需要再局部重复多次操作，直至缝隙和缺釉处完全与原器釉面齐平为止。

2.2.5 下涂及中涂

完成了以上工序后，就可以在修复的线、面部位上漆做底了。首先应涂上一道稀生漆固灰，使之略透入漆灰的肌

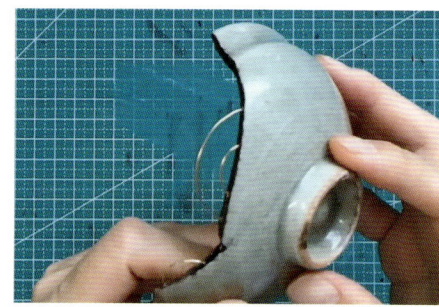

图25 制作金属骨架

图26 漆灰填料补缺

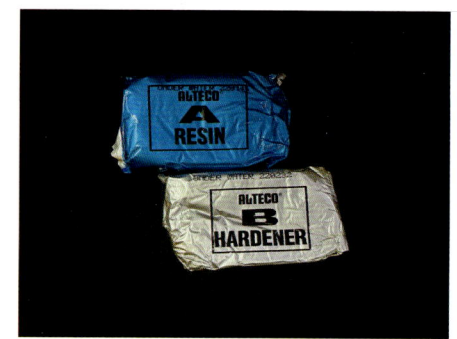

图27 AB组环氧树脂塑形胶

图28 胎体轻薄的瓷器断口观察

理。经过打磨后,再以勾线笔和小平笔在这些修复的部位描饰黑推光漆两至三道,每道经过打磨后要仔细观察,直至无亮点、凹坑,打磨退光后形态适宜、平整光滑为止(图31)。

补敏填缝、下涂和中涂工序的打磨,都不应该使用砂纸,而应该使用柔韧细腻、经过修整形态的木炭水磨,即便使用2000或3000目的细目砂纸,因为不可避免地会摩擦到裂缝两侧的釉面,仍然会对釉面造成不可逆的伤害,这些砂纸痕在单色釉类瓷器上尤其明显,可能严重损害器物的釉面美感。

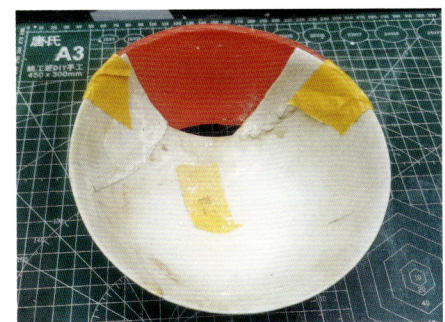

图29 环氧树脂分次塑形

2.3 陶瓷漆缮外部加饰工艺

经过以上工序,陶瓷漆缮的底胎修复就完成了,接下来在光滑平整的黑漆上,可以施加金缮、描金、洒金、彩漆描绘、螺钿镶嵌、变涂等工艺,根据陶瓷残损的情况,以及原始器物的釉色、纹饰特点,灵活选用适合特定器物的工艺进行加饰,以便为残件增色,使陶瓷漆缮的工艺目的不仅止于复原器物形态,而是走向艺术化修复的道路。

2.3.1 金缮

金缮是在陶瓷大漆修缮中用得最多的一种加饰工艺,所用到的材料主要是弁柄漆,金、银粉箔。

图30 环氧树脂补缺胎体的修形

首先用弁柄漆小心地勾描裂缝及补缺部位(图32),笔触线条要顺着裂隙走向具有弹性地展开,需要较强的国画白描和彩绘描漆功底训练。描绘完毕后放入荫房,随时查看干燥情况。由于不同品牌的弁柄漆燥性不一,四季干湿度差异都会使上金的火候难以把握。弁柄漆将干时色泽转褐,以手触时漆不沾手且耳听有喀喀声,呵气时漆面所结的雾气很快消散,都是适合上金火候的表征。有经验的漆缮师可凭肉眼观察漆色辨别上金火候,这是长时间积累的结果。火候不到,过早上金,会导致金面色泽不匀暗哑失光;火候过了再上金,则金与漆面的结合不牢固,手触几次便会脱落,因此对上金时机的把握是陶瓷金缮装饰工艺最重要的内容。

上金时,工具的选取也很重要。经过多种上金工具的使用经验,我们主要选取软毛圆头小化妆刷上金,此种工具便于蘸取金消粉或银消粉,扫金时不伤漆面,也便于扫去多余金粉(图33)。上金完成后,将修缮器置入荫房至少24小时,待漆完全干透,弁柄与消粉结合紧密。在弁柄漆描绘匀净、上金火候适当的状态下,消粉所加饰的表面会显现纯净的亮度与色泽,透露出优雅、细腻、洁净的美感。常见的上金材料还包括金、银箔,通过金箔纸取箔并进行上金前的适当裁剪,贴饰金银箔后,须以金箔纸垫于金面上,以棉球轻拍压实后,入荫房待干后取出,以软毛笔扫去多余的箔料,上金即告完成。

图31 完成中涂并磨退的漆缮作品

无论是消粉还是金属箔,都具有不耐摩擦的特点,应在其上再以丝绸蘸擦上一层薄薄的高纯度生漆或揩清漆加固,入荫房干燥后,金、银面的亮度会有一定的降低,但并不影响整体的视觉感受。如所修饰陶瓷器物为纯观赏器,不做日常实用,且能保证不受扬尘干扰,涂漆固粉、固箔的工序也可以省略,而使金银面显示出最理想的亮度。

近年来,受到岩彩艺术的影响,具有炫彩变幻效果的烧箔技法也被引入漆艺,本次研究对之也有应用。铜箔、银箔都可以利用金属的硫化反应进行烧制,不同的原始材料烧成的效果各有不同,烧箔在金缮工艺中的应用,主要适用于缺肉面积较大、应用纯色的金银粉箔加饰时略觉效果单调的漆艺修缮情境(图34)。需要指出的是,烧箔具有易氧化变色的特点,在贴箔工艺完成后,需要及时用生漆或揩清漆固箔,通过封固空气使烧箔的色泽固定下来。

金缮工艺除了常用金银消粉及金银箔以外,还可以应用各类金、银或其他金属类丸粉,以莳绘工艺来进行上金工序。丸粉莳绘实际上是一种漆地金属镶嵌工艺,在描弁柄漆、莳丸粉后需要罩漆并以炭研磨出,再以鲷牙笔或玛瑙刀抛光。不同目数的金银丸粉在磨显后会呈现出不同的颗料质感,在光泽度表现和肌理控制的技法上更为讲究。由于金、银丸粉目前主要依赖于进口,材料价格比较高昂,在大漆修缮时,适合应用于追求特殊肌理效果的艺术创作型修复,或是日常所用的心爱之物的修缮,因丸粉上金的牢度更高,更加适合日常使用。

2.3.2 纹饰描绘

纹饰描绘是金缮工艺的发展,陶瓷残件上原有精美的纹饰,因缺肉而导致关键纹饰不全,在视觉审美上无疑是一种缺憾。这时可以选择使用漆艺描绘的方法补全纹饰,从而除了从器型上,也在纹饰上尽量恢复器物的面貌。此外,近年来偏向于在残瓷上进行二次艺术创作的漆缮师,也会视残瓷补缺部位为创作空间,在其增加其他创意纹饰描绘作为装饰。但就带有文物修复性质的陶瓷漆缮来说,以漆艺加饰来描绘缺失的纹饰则主要以恢复器物的原有面貌为主要目的。

对纹饰部分的漆艺加饰,需要从考证陶瓷的原始纹饰开始进行,通过传世完整器的纹饰内容参考,来补足修复件上缺失的部分。准备好纹饰资料后,通过拷贝纸将纹饰拷贝到退光后的黑漆面上,再以优质勾线笔蘸取弁柄漆勾描纹饰,待干后在原始部位重复勾描一至两遍,至纹饰明显高出于黑漆地,再以弁柄漆整体勾描于补缺面,待至适当的上金火候,在补缺面上上金,这时的金面上,就会浮现出纹饰形态,随着光线的折射变化,金色的纹饰若隐若现,不至于因纹饰在金面上过于抢眼夺目而改变整体的器物品格(图35)。

根据所修复陶瓷器的具体釉色特征,纹饰描绘加饰工艺也可以单独进行,而不再在缺损部位整体上金。即在补缺面的中涂工艺完成后,以精滤后的洁净色推光漆进行上涂,磨退后揩清推光使之成为素髹漆地,再选用色漆进行纹饰勾描,描完即止。如选用弁柄漆进行纹饰描绘,在纹饰线条将干未干时上金银粉、箔,则属于纹饰描绘中的"描金"技法,在当代,陶瓷漆缮中这种修缮方法也得到了广泛的应用,会收到与在金缮加饰纹饰相异的装饰效果,但补全缺失纹饰的修复目的则是一致的。

2.3.3 素髹

素髹在漆艺中是一种极简的装饰手法,由于髹饰上涂推光漆后不再进行其他加饰,对漆面洁净完美度的要求反而是最高的。在陶瓷漆缮中,素髹通常适合应用在单色釉瓷器的修复中,利用光素漆面整洁纯净的美感,与单色釉瓷器的釉色相衬托,可收到宁静自然的装饰美感,甚至比起金缮加饰更为打动人心(图36)。

图32 勾描弁柄漆

图33 软毛圆头笔刷上金

图34 烧铜箔在大面积缺损情况下的修复效果

图35 纹饰描绘加金缮修复的成化青花天马纹天字罐

图36 黑漆素髹工艺修复的成化绿釉杯

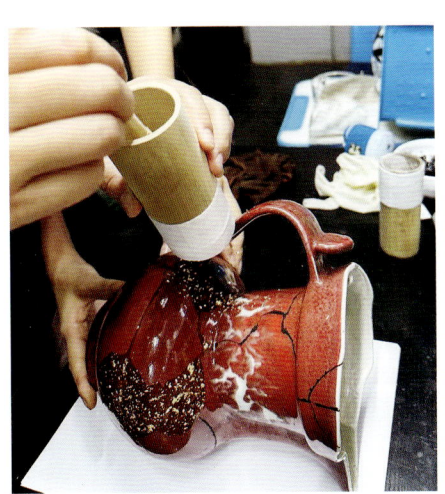

图37 洒金工艺修复的永乐鲜红釉留白龙纹僧帽壶

2.3.4 洒金

洒金也是传统漆艺技法之一，与在断片裂隙和补缺部位整体上金的金缮技法不同，洒金技法保留漆地原色，但通过自然撒播大小不一的金箔碎片，在漆面上得到一种浑然天成的肌理效果。陶瓷漆缮中的洒金技法，通常适用于缺损面积较大的修复件，既能得到与金缮相似的金属光泽效果，又能通过与原始釉色相适应的各种色推光漆作为底色，使修复件产生别样的肌理美感，避免大面积整体用金产生的审美视觉疲劳。例如本次研究所修复的明永乐鲜红釉留白龙纹僧帽壶，就通过弁柄漆作为底色，在将干未干时将纯金箔置入出口带有筛网的竹制粉筒，以硬质毛笔轻扫，撒出碎金箔于漆面（图37）。在漆面未完全干固时，还需进行固金工艺，将大小适宜的蜡纸垫于漆面上，以脱脂棉球点拍纸面，将洒在漆面上的碎箔压实。这一步不可直接用棉球完成，也不可施力推压，否则会导致金箔在漆面上晕开，失去清晰明净的肌理质感。

2.3.5 镶嵌

大漆镶嵌加饰类工艺种类繁多，所用材料灵活多变，如蛋壳、螺钿、金属片等都是常见的镶嵌材料。陶瓷漆缮在外部加饰工序中应用镶嵌工艺，不同材料有不同的适应环境空间，例如螺钿适用于绿釉、蓝釉等颜色釉的修复，蛋壳适用于浅色、带有开片的青釉系瓷器的修复等。以本次研究所修复的明蓝釉暗刻鱼藻纹罐，因器物纹饰部位有大量缩釉，并带有中等程度的缺损，因此选用锁甲状的青贝螺钿片镶嵌于补缺部位（图38），以期利用螺钿片密镶构成的波光粼粼的视觉效果，补充原器物上的工艺损陷，达到为原器增色的目的。

2.3.6 变涂

日本的陶瓷漆缮艺术从创生之初就开始应用变涂工艺，如前述静嘉堂藏付藻茄子等传世名品，以漆艺变涂产生的流变肌理模仿器表面的色泽质感，可以达到肉眼难以分辨的地步。然而日本古代的变涂漆缮，是在破损陶器的外表面整体罩漆，变涂肌理完全覆盖器表，等同于一次陶瓷胎上的漆艺创作。而当代进行古陶瓷漆缮的关键前提则是保留器物的原始胎、釉、纹饰等文化信息，因此变涂在当代陶瓷漆缮中的应用方向，仍以缺损部位的外部加饰为主。

2.4 漆缮修复的可逆性拆解

由于大漆材料干固后极其稳定、黏合性极强的特性，完成后的陶瓷漆缮作品往往是较难完整拆解的。陶瓷漆缮修复的过程中，可能会出现种种情况导致需要拆解返工，或是在修复完成后，因器物再次受损、审美观念更新等原因需要拆解陶瓷漆缮作品进行更新修复的情况。因此掌握拆解方法在漆缮修复中也是很重要的，有序的拆解可以避免珍贵的陶瓷遗存受到二次损伤。

2.4.1 麦漆的拆解

以麦漆拼合残片的工序中，如发现拼合情况有错位、拼合不紧密导致整器发生形变等情况，可将残件在常温水中浸泡24小时，再移置于火炉、电磁炉上，小火水煮器物20～40分钟，麦漆拼合的部位即会自然脱落。如器物较厚，可增加浸泡和水煮的时间。残片相互拆解后，还需继续浸入水中，使残留在断口上的麦漆软化，并依次自水中取出残片，用小刮刀、砂纸等工具彻底清除残留物后，重新进行黏合工艺，以免因麦漆残留导致残片拼合复位困难。

2.4.2 补缺部位的拆解

由于用来补小片缺肉的刻苧漆是以面粉和生漆调制而成，因此同样可以应用上述浸泡加水煮的方法使之软化脱落。但如所上灰料为漆瓦灰，则只能小心地通过牙机或手工打磨的方法磨去缺肉填充部分。

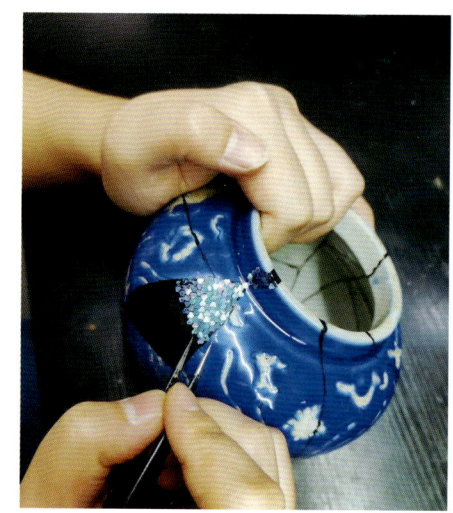

图38 螺钿镶嵌工艺修复的明蓝釉暗刻鱼藻纹罐

补缺胎体中夹有褙布、装有金属或竹木制骨架的补缺部位，且所上之灰为漆瓦灰类无法水浸软化的材料，在拆解时最为困难，这时需要利用牙机等电动工具，以电磨、钻孔等方式小心地在补缺面上操作，要控制电机转速和操作手法，避免胎体较薄或较为脆弱的修复件在震动中再次裂解。在拆除后对断口的残留清理，也是比较困难的，难免对原件造成磨损，且胎体断口的打孔部位无法还原。因此，通常情况下，这类修复件是不建议拆解的。

如缺损部位是以环氧树脂等胶剂材料进行修补的，这时只需要将修复件补缺部位磨去上部漆层，使环氧树脂材料显露出来，将之浸入丙酮溶液即可使材料脱落，破片断口上的残胶可以用小刮刀轻松刮除。

如果在修复过程中出现工艺错误而需要进行拆解，麦漆和补缺部位的拆解可按上述方法直接进行。而在修复完成后产生的拆解需求，则应当先以木炭、水磨砂纸、刻针等工具先去除外部的面饰漆层、敛灰层后再进行。

2.4.3 金缮等面饰工艺的更新

已完成漆缮的修复件，需要进行金缮等面饰工艺的更新，而不进行胎体的拆解，则只需要以木炭磨去外饰漆层，进行新的漆缮面饰工艺的制作即可。

3 古代陶瓷珍品的漆缮修复原则

陶瓷漆缮工艺自创生起，其主要目的就是修复古代遗存的陶瓷珍品残器，对我们来说，古代陶瓷遗存物附着了大量的工艺、文化、审美信息，作为传统文化的重要物质载体，每一件古代陶瓷珍品残器都具有不可再生性和唯一性。因此，在古代珍瓷的漆缮工作中，我们意识到它与当代艺术创作性陶瓷漆缮最不同的一点是，古代珍瓷的漆缮工作，应参照文博考古修复的要点，即以陶瓷残件为修复主体，以陶瓷漆缮工艺加饰为修复手段，避免过度的艺术发挥掩盖陶瓷残件上的原始信息。具体说来，本次研究总结出的古代陶瓷珍品的漆缮修复原则有以下几点。

3.1 修旧如旧，保留原始信息

在漆缮修复工艺中，比较忠实的保留古陶瓷断裂、残缺处的原始信息。与这一原则相类似的是陶瓷考古修复工艺，在传统考古展陈修复工艺中，对传世及出土陶瓷文物的修复以石膏、环氧树脂等异质材料拼接和补缺即告完成，从外观上看去即可对陶瓷器的残损情况一目了然。

然而，随着考古展陈修复技艺的更新提升，近年来，文博系统对等级较高，最为珍贵的陶瓷文物修复的方法转变在残片拼接和补缺后，使用与原始彩料、釉料发色相近的颜料补绘纹饰，并仿制釉色，随着技术的提升，在新型考古展陈修复完成后，残损处的补色、补釉工艺可达到与器物原始信息浑然一体的效果。这种修复方式仅适合考古文博单位作少数馆藏精品展陈之用，当这类修复技术进入商业修复领域，为社会商家和私人藏家服务时，则难免出现以修复件充完整件，以期售出高价的商业行为，在目前的陶瓷收藏界，这种情况已经防不胜防。而对于陶瓷漆缮来说，对于原始信息的增补性修复，主要是通过纹饰描绘工艺来进行的，对于大漆与陶瓷的质感差异、色泽差异则不做刻意的模仿混同。

因此，大漆修缮古陶瓷工艺，对于陶瓷残件的价值提升，主要是通过大漆工艺本身来实现的，陶瓷漆缮以坦然自信的态度面对世人审视，既体现出文物原始价值，也彰显出漆缮的工艺价值。

3.2 珍视遗存，避免二次损伤

本次研究所修缮的一百余件历代陶瓷珍品，无不历时久远，具有无可替代的文物价值，我们在修缮时最为小心避免的就是对残件留存的胎、釉本体物质产生二次损伤，尽可能从内至外保留残件的原始存在。从大漆修缮古陶瓷工艺创生的出发点来说，它们本身就是物主和匠人惜物之心的产物，但由于漆材料本身无法不依赖一定的实体而存在，即便所谓的脱胎漆器，并非内部无实体，而实为"夹纻胎"。大漆作为一种优质黏合材料，在拼合破片方面的性质表现突出，既能保证牢固度，又能为将来可能进行的拆解保证可逆性特质。但在修复陶瓷残件缺肉部位时，单纯的生漆和灰料不能确保补缺部位的牢固度，必须应用布、金属、竹木等骨性材料与漆灰料配合，因此往往需要在胎体上横向穿孔以便安装骨架，这一工艺在传统漆缮中是不得已而为之，尽管因为漆灰填料的加入，使得大漆修缮"原汁原味"，但就对残件造成的不可逆损伤方面来说，则使我们对是否采用传统工艺、材料来填充缺肉部位的问题上陷入两难境地。

因此，本次大漆修缮工艺在古瓷遗存残件修复中的应用研究，大胆引入考古修复中的补缺材料作为主要补缺填料，以期达到既不损伤原件，又通过大漆工艺装饰陶瓷残件外观的修复成效。经过长期的实验证实，木雁堂工作室最早以环氧树脂修补陶瓷缺损胎体，外部依据传统漆缮工艺髹饰细漆灰、下涂、中涂、弁柄、金消粉的陶瓷修复件，至今已历五年多光阴，在武汉冬寒暑热、秋燥夏潮的气候条件下，仍能保持稳定的特性，未因新材料的引入而使工艺效果在持久性方面有所折损。

3.3 适度创作，避免喧宾夺主

随着大漆艺术的兴盛，当代漆人对大漆修缮陶瓷器工艺的研究，呈现百花齐放的状态，种种新的工艺创作层出不穷，往往将原始器物视为发挥个人创作潜能的舞台，在其上施以大胆的艺术创作。受众们一眼看去时，眼目为精美的创意纹饰乃至新施加于器表的立体塑造所夺，残件本体的价值反而要退居其次了。

  由此看来，当代大漆修缮陶瓷器的应用范围，实际上应当分为两个层面。其一是对当代日用陶瓷、私人收藏家偶尔损坏的少量古代珍品陶瓷的创意性修复，其间既可以尽艺术家创作的遐思，又可以根据器物主人的要求而进行特别定制，通过二次创作使漆缮后的陶瓷成为一件全新的艺术品，其艺术着眼点在于利用在原件残损印迹上的漆艺再创作，将作品的艺术价值导向一个超越原始完整器的艺术方向。其二则是对传世古代珍瓷文物的大漆修缮，修复者的着眼点在于器物本身的原始艺术价值，历史文物价值的保护。因此，在修复时需要更多地关注于保留器物上的原始信息，在器型修复上主要任务是恢复原始形态，在残损外观的漆艺加饰方面，对各类大漆技法的应用保持克制的态度，避免过度的工艺阐释掩盖器物的本来面貌。

  陶瓷漆缮工艺不仅是一项技术性的修复工作，更是一种具有较高艺术性和文化价值的传统技艺。通过漆缮工艺的修复，使古代陶瓷残器遗存的艺术价值得以再次焕发，让残损的遗憾通过大漆修缮实现美丑的转换和诗意的阐发，是本次研究的主要目的。希望以此次研究所得成果，使古瓷残件用不惧残缺的面貌迎接当代人的全新审美观照。

参考文献

[1] 佟培基. 全唐诗精华［M］. 西安：太白文艺出版社，2000：2162.

[2] 任继愈主编. 中国科学技术典籍通汇：综合卷7［M］. 郑州：大象出版社，2015：1010.

[3]（清）丘复著. 丘其宪，丘允明校注. 愿丰楼杂记［M］. 哈尔滨：黑龙江人民出版社，2009：349.

[4]（清）蓝浦撰. 郑廷桂补辑. 景德镇陶录［M］. 清光绪十七年刻本：卷八.

[5]（清）方以智. 物理小识［M］. 清光绪十年重刻本：卷八.

[6]（清）蓝浦撰. 郑廷桂补辑. 景德镇陶录［M］. 清光绪十七年刻本：卷九.

[7] 中国第一历史档案馆，香港中文大学文物馆. 清宫内务府造办处档案总汇（册38）［M］. 北京：人民出版社，2007：624.

[8] 谢明良. 中国陶瓷史论集［M］. 北京：生活·读书·新知三联书店，2019：272.

[9] 俞蕙，张学津. 中国传统古陶瓷修复技艺探源［A］. 文化遗产研究集刊［C］. 上海：复旦大学出版社，2013：386.

[10] 邓之诚. 骨董琐记［M］. 北京：中国书店，1991：106.

[11] 谢明良. 中国陶瓷史论集［M］. 北京：生活·读书·新知三联书店，2019：271.

[12] 铁源，李国荣. 清宫瓷器档案全集·档案提要1［M］. 北京：中国画报出版社，2008：85.

[13] 中国第一历史档案馆，香港中文大学文物馆. 清宫内务府造办处档案总汇（册20）［M］. 北京：人民出版社，2007：340.

[14]（宋）杜绾. 云林石谱［M］. 清学津讨原本：卷上.

[15] 谢明良. 陶瓷修补术的文化史［M］. 上海：上海书局出版社，2019：128.

图书在版编目（CIP）数据

大漆修缮经典古陶瓷 / 刘显波著. -- 北京：中国轻工业出版社，2024.10. -- ISBN 978-7-5184-5132-6

Ⅰ.G264.3

中国国家版本馆CIP数据核字第2024WR8471号

责任编辑：朱利利

策划编辑：刘忠波　　责任校对：晋　洁　　　封面设计：胡景琪　章　伟
责任终审：高惠京　　版式设计：章　伟　胡景琪　责任监印：张京华

出版发行：中国轻工业出版社（北京鲁谷东街5号，邮编：100040）
印　　刷：北京雅昌艺术印刷有限公司
经　　销：各地新华书店
版　　次：2024年10月第1版第1次印刷
开　　本：889×1194　1/2　印张：30
字　　数：350千字
书　　号：ISBN 978-7-5184-5132-6　　定价：298.00元
邮购电话：010-85119873
发行电话：010-85119832　010-85119912
网　　址：http://www.chlip.com.cn
Email：club@chlip.com.cn
版权所有　侵权必究
如发现图书残缺请与我社邮购联系调换
241252W3X101ZBW